U0829316

与谎言的每日相遇

BELIEVE

测谎师办案的52堂实务课

张坤 著

中国法制出版社
CHINA LEGAL PUBLISHING HOUSE

前言

两年前我提笔撰写《解剖谎言：测谎师办案手记》一书时，最初的想法，是把自己在办理测谎案件过程中的所见、所闻、所感、所悟从心理学的角度做一次认真的梳理。该书出版之后，我收到了许多测谎领域的前辈老师、司法一线的办案同仁和高校心理学的专家学者的来信。书中的许多内容引发了他们的共鸣，对我而言无疑是一种巨大的鼓励。

现在，这本《与谎言的每日相遇：测谎师办案的52堂实务课》顺利与读者见面。

本书立足于心理学视角，以具体测谎案例为依托，用通俗易懂的语言对测谎的专业思维路径进行阐释。在内容方面，本书在着眼于测谎专业知识与操作技巧的同时，也涉及包括记忆修订、记忆传染、具身认知、时间知觉、暴力遗传、证实性偏误、病理性说谎、知觉恒常性、自我合理化、罗森塔尔效应、模糊痕迹理论、挫折—攻击理论、认知失调理论等在内的心理学知识在测谎和司法实践中的体现与应用。测谎技术脱胎于心理学，测谎技术发展的营养汲取于心理学，这也是我坚持从心理学角度来阐述测谎的根本原因。

测谎，具体可分为狭义的测谎与广义的测谎。狭义的测谎，即司法领域中借助测谎仪所进行的标准化测谎。

在当前的司法实践中，测谎师主要是使用“多导生理心理测试仪”（即我们所俗称的“测谎仪”）进行测谎。

首先，由测谎师向被测人说明测谎的基本原理和基本程序。然后，测谎师与接受测谎的人（在测谎实践中称为“被测人”）针对具体案情进行细致梳理，并针对特定的问题进行必要的“心理开发”，即“测前谈话”阶段。

接下来，测谎师将测谎仪所包含的多导传感器与被测人连接，并选择特定的测谎范式，使用编制好的题目向被测人进行发问，即“正式测试”阶段，有时也被称为“测谎仪测试”阶段或“上机测试”阶段。

在被测人回答问题的过程中，测谎仪会迅速、精确地记录下被测人的皮肤电、血容量、血压、呼吸等生理指标的即时变化情况。

在发问和回答结束后，测谎师将对被测人在测谎过程中生理指标的相关数据进行量化分析，明确被测人在回答问题时说谎的概率，即“量化评估”阶段。

最后，测谎师将依据对被测人生理指标变化情况的量化分析结果，撰写《心理测试（测谎）报告》，给出最终测谎结论，即“出具报告”阶段。

司法领域中借助测谎仪进行的测谎，对于专业性和规范性有着很高的要求。

首先，主持测谎的测谎师，以在检察机关从事测谎工作的测谎师为例，必须取得由最高人民检察院授予的测谎专业技术资格，才能够独立进行测谎。也正因如此，司法领域借助测谎仪进行的测谎，绝非人人可以实施。

其次，司法领域中借助测谎仪进行的测谎，从测前谈话、问题设计、测试范式、仪器使用、波形分析到结果评估、报告撰写，都有一整套详细的操作标准和流程，决定了测谎师必须经过大量的专业化培训和实战经验积累，才有能力独立进行测谎。

需要解释的一点是，司法领域中的“测谎”技术，其实只是一种通俗的叫法。该技术的目的在于探查个体的心理信息。但为了方便读者进行理解，本书暂用“测谎”一词进行表述。并且，在当前的司法实践中，测谎可以用来帮助审查、判断证据，但测谎结论不作为证据使用。

司法领域中测谎工作的特殊性，决定了普通大众对其知之甚少，这也为测谎蒙上了一层神秘的面纱。尽管“测谎”对于普通大众而言相对陌生，但事实上，测谎正在各类疑难复杂案件中发挥着独特的作用。我的《解剖谎言：测谎师办案手记》一书，也已通过大量的案例，对测谎在司法实践中的具体应用进行了详细阐述。

本书主要立足于司法领域中借助测谎仪进行的专业测谎展开论述。鉴于此，书中所表述的“测谎”，所指的就是“测谎仪测谎”。但同时，对于广义的测谎所涉及的相关内容，本书也给予了相当程度的关注。

对于本书的诞生，我要感谢闫潇潇老师、唐晋老师、张国樑老师、刘菡老师和郭静老师。每起测谎案件的顺利办理，凝聚的是大家的心血，闪耀的是集体的智慧。我还要感谢本书的编辑吕静云老师。吕老师与我既是法大校友，也是很好的朋友。本书能够顺利与读者见面，离不开她的一丝不苟与辛勤付出。

当然，本书的内容仍存在许多不足之处，但我愿意把它们进行分享，并真诚地期待读者向我提出宝贵的意见和建议。

需要说明的是，书中所使用的案例均经过了必要的合理改编。另外，为了能够帮助读者更好地认识和理解测谎，笔者也在书中使用了部分虚构案例以进行说明。

目录

第一章　立足科学：测谎之根本

第二章　高度警惕：测谎之陷阱

第三章　见招拆招：测谎之应变

第四章　字斟句酌：测谎之细节

第五章 案件百态：测谎之见闻

第一章

立足科学：测谎之根本

测谎：准确率的三个保障

谎言有千万种，识别谎言的方式同样也有很多。

有的测谎方式，是借助对言语内容的分析，进而对陈述的真实性进行判断。

有的测谎方式，是借助对身体动作、面部表情等的观察，进而对谎言的破绽进行抓取。

而司法领域中的测谎，则主要是针对生理指标的变化情况进行精确分析，从而对被测人陈述的可信度进行量化评估。

司法领域中借助生理指标进行的测谎，具有非常高的准确率。那么，它的高准确率到底从何而来？

一个成功的心理学实验，离不开自变量和因变量的正确选取，离不开实验程序的周全设计，也离不开对实验数据的精确分析。

测谎本质上是一个设计精巧的心理学实验。一次成功的测谎，离不开测谎指标的科学选取，离不开测谎范式的严谨设计，也离不开对测谎数据的精确分析。

下面，我们就从这三个方面来分别说明，司法领域中的测谎为何具有高准确率。

第一，司法领域中的测谎，所选取的测谎指标具有充分的科学性。

首先，司法领域中的测谎所选取的生理指标，能够及时、准确地反映个体生理心理状态的细微变化，因而在很大程度上避免了测谎中的**“指标无效性”**问题。

测谎中的“指标无效性”问题，具体是指，尽管测谎师对于被测人的某一特定指标进行了准确的识别和测量，但该指标并不是能够准确反映个体生理心理状态变化的有效指标。因此，基于该指标所获取的测谎数据和最终得出的测谎结论，自然也是错误的。

举个例子，你选择了“身高”作为评估被测人陈述可信度的测谎指标，但由于个体的“身高”并不能够准确地反映其陈述的可信度，因此尽管你准确获取了被测人的身高指标，但依然会得出错误的测谎结论。

其次，司法领域中的测谎所选取的生理指标，大多是不受被测人意识控制的生理指标，因而在很大程度上避免了测谎中的**“被测人伪装”**问题。

测谎中的“被测人伪装”问题，具体是指，如果被测人能够通过有意识的伪装，轻易地对将要采集的具体测谎指标施加控制，并实质性地影响到该测谎指标的准确性，那么这一测谎指标的可靠性将大打折扣。

举个例子，你选择了“手势增多”作为评估被测人陈述可信度的测谎指标。但是，对于被测人来说，“手势增多”是一个容易进行控制的指标，被测人完全可以在接受测谎的过程中有意识地减少手势动作，从而造成测谎指标的失真。

最后，司法领域中的测谎所选取的生理指标，对于不同的被测人而言，变化规律存在一致性，因而在很大程度上避免了测谎中的**“个体间差异”**问题。

测谎中的“个体间差异”问题，具体是指，如果测谎师选取的测谎指标，其变化规律在不同的被测人之间存在显著的不同，那么在将该测谎指标用于评估某一特定个体的陈述可信度时，将极有可能出现偏差。

举个例子，你选择了“语速加快”作为评估被测人陈述可信度的测量指标。对于有的被测人来说，说谎时会出现“语速加快”的变化。但是，对于一些被测人来说，在陈述一些特定类型的谎言时，会出现“语速放慢”的变化。因此，如果将该测谎指标应用于一些特定的被测人，可能会导致测谎结论出现偏差。

第二，司法领域中的测谎，必须遵循严格的测谎范式。

对于测谎来说，仅仅选取合适的测谎指标是远远不够的。如果整个测谎过程完全是基于测谎师天马行空的随性发挥，而非严格遵循规范的测谎范式，那么测谎的准确性必然会受到损害。这是因为，测谎本质上是一个心理学实验，如果测谎师不严格遵循规范的测谎范式，那么将不可避免地导致许多实验误差的出现。

司法领域中的测谎，必须严格遵循规范的测谎范式来进行。问题的设计与编排、情绪的诱发与引导、发问的逻辑与顺序、数据的整理与分析，都以严格的测谎范式为基础，从而实现对各类测谎误差的有效控制和消除。

第三，司法领域中的测谎，对于测谎数据有着专门的量化评估方式。

有了科学的测谎指标和规范的测谎范式还不够，测谎还需要有一套针对测谎数据的量化评估方式，才能确保测谎结论的准确性。

对测谎数据进行精确的量化评估，一方面固然是为了保障测谎结论的精确度，而更重要的一方面是为了保障测谎结论的客观性。

诚然，无论以何种形式进行测谎，都必须借助于测谎师的主观经验。但如果做出结论的过程完全依赖于测谎师的主观经验，那将会对测谎结论的准确性产生十分不利的影响，甚至可能会将测谎拖入“伪科学”的泥潭。

司法领域中的测谎，对于测谎数据有着一整套标准的量化评估方式，这就在保证了测谎结论客观性的同时，允许测谎师充分发挥主观经验，共同保证了测谎结论的高准确率。

行文至此，相信读者对于司法领域中的测谎为何有非常高的准确率，已经有了一个初步的认识。首先，科学地选取测谎指标，有效避免了“指标无效性”“被测人伪装”“个体间差异”问题；其次，严格地遵循测谎范式，有效控制和消除了测谎过程中可能出现的实验误差；最后，对测谎数据进行精细的量化评估，一方面保证了测谎结论的高精确度，另一方面也确保了测谎结论的客观性。

实用性：测谎的生命力

在当前的司法实践中，测谎的应用范围日益广泛，与案件办理的结合度更加紧密，所解决问题的层次也在不断加深。

作为一门有着一百多年发展历史的心理学技术，测谎之所以能够在司法实践中大展身手，一方面是因为我在前文中所提到的“准确性”，另一方面则是因为其“实用性”。

那么，对于社会大众而言相对陌生的“测谎”，在司法实践中究竟起着哪些重要的作用呢？

作用一：甄别口供真假。

在司法实践中，有时多名案件当事人的陈述之间会出现明显的差异和矛盾。此时，为了帮助甄别口供的真实性，案件承办人会委托测谎师对多名案件当事人分别进行测谎。

需要强调的是，在日常生活中，我们遇到的大多是双方各执一词的情形，即“二人二说法”情形。但在司法领域的测谎实践中，测谎师常常会遇到“三人三说法”“四人四说法”，甚至是“五人五说法”的情形。比如，在我参与办理的一起测谎案件中，三名嫌疑人与两名证人对于案件中某一关键情节的说法都不相同，就是一种典型的“五人五说法”的情形。

毫无疑问，在这种“多人多说法”的情形下，测谎的难度是成倍增加的。

作用二：保护无辜者，锁定作案人。

在司法实践中，有时会出现犯罪嫌疑人“零口供”的情况。出现“零口供”，究竟是因为犯罪嫌疑人负隅顽抗、拒不供认，还是因为其确实并非真正的作案人，因而无法进行有罪供述？

为了及时排除无辜者的嫌疑，准确锁定真正的作案人，案件承办人会委托测谎师对嫌疑人进行测谎。

在这种情况下，测谎师会借助一些特殊的测谎范式（如犯罪隐蔽情节测试范式），对被测人是否存在相应的犯罪心理痕迹进行精细测查，从而及时地保护无辜者，准确地认定作案人。

作用三：深度挖掘线索。

司法实践中，案件承办人委托测谎师对案件当事人进行测谎，有时是希望借助测谎来对一些重要线索进行深度挖掘。

比如，在司法领域的测谎实践中，凶器的去向（“伤人的铁锹被藏在哪里了”）、同案犯的人数（“有几个人参与了这起案件”）、赃款的数额（“从中拿了多少好处”）等，都是较为常见的案件承办人希望借助测谎来进行深挖的线索。

在这种情况下，测谎师会借助一些搜索类的特定测谎范式，对案件中的重要线索进行深度挖掘，从而为案件承办人明确下一步的办案方向提供帮助和参考。

以上列举的，只是测谎在司法实践中的三个重要作用。事实上，测谎所发挥的作用远不止于此。一方面，如果只有“实用性”而无“准确性”，那么测谎的结果将可能对事实产生误判，从而对还原事实产生不利影响；但另一方面，如果只有“准确性”而无“实用性”，可能会导致测谎在司法实践中失去生命力，最终被束之高阁，无人问津。

对于测谎来说，“准确性”与“实用性”，二者缺一不可。

记忆传染：凶器的来源

许多有经验的测谎师，在测谎过程中往往都会询问被测人这样一个问题：

“事情发生后，你又跟其他人讨论过这件事情吗？”

测谎师特意向被测人询问这一问题，原因何在？

我们先来看下面这一段日常对话。

甲：昨天晚上的毕业聚会，真是让我对你刮目相看啊。

乙：还好，还好。

甲：我还是第一次见到你喝这么多酒。

乙：是，毕业开心嘛。不过今天醒来感觉胳膊特别疼，不知道是怎么回事。

甲：想不到，你唱歌唱得还真不错。

乙：我唱歌？什么时候的事情？

甲：昨天晚上聚会的时候，难道你忘了？

乙：聚会的时候？

甲：是啊，当时你站在椅子上唱歌，我们拦都拦不住。小飞过去想把你拉下来，结果你们两个都滑倒了。

乙：难怪我今天感觉胳膊这么疼，原来是昨天晚上摔倒了。

甲：不止如此，你还嚷着要跟小曼表白。

乙：有这种事？真是太尴尬了，我居然会做出这样的事，看来我真是喝多了。

甲：放心吧，幸亏昨天晚上小曼没在。回去以后我们还在讨论，她要是在场，肯定被你吓跑了。

乙：小曼昨天晚上没来参加聚会吗？我记得她好像在啊，就坐在咱们旁边那一桌。

甲：没错，不过她刚来一会儿就有急事走掉了。你看，我手机里这张照片，就是昨天咱们聚会结束时的合影。

乙：嗯。合影里还真的没有她，原来她提前走了……

甲：要是没有我们，你昨晚就得露宿街头了。

乙：是啊，我记得昨晚聚会，结束的时候得到后半夜了吧。

甲：没错，后半夜了。

乙：我最后的一点意识，就是自己坐在那个小沙发上，然后就睡过去了。

甲：是啊，我把你背回宿舍的，差点把我累死。

乙：真是不好意思。

甲：这还是次要的，要命的是好不容易把你背回来，你还不消停。

乙：我记得我半夜好像醒了一次，是不是我又做了什么？

甲：你去敲咱们对面宿舍的门，你说你要跟人家换床睡，还非得要人家的被子。人家开门以后差点要揍你，是我跑过去跟人家道的歉，这才没出大乱子。

乙：好吧，我终于把昨晚的事给捋清楚了，我以后再也不喝酒了，真是误事啊。

……

从上面这段对话中我们可以看到，由于饮酒的原因，乙对于前一晚聚会时发生的许多事情都缺乏清晰的记忆。但是，通过甲的不断纠正、提示和补充，乙的记忆终于变得逐渐清晰和完整起来。

但是，这样的“记忆”，真的可靠吗？

事实上，乙最后所形成的“记忆”，并非完全基于乙的自身经历，而是同时掺杂了甲的描述而形成的“合作记忆”。

这并非乙自己的记忆，但乙却似乎并没有意识到这一点。此时的乙，已经把自己在甲的帮助下所形成的“合作记忆”，当作了自己真正的记忆。

甚至，在一段时间之后，乙可能已经分不清，在他的记忆中究竟哪部分是自己的记忆，哪部分又是通过甲的描述而形成的记忆。

由此，引申出了一个在测谎师看来极为重要的问题：

我们的记忆，真的是一个封闭的系统吗？

对此，许多人或许会持这样一些观点：

“我的记忆，是属于我一个人的记忆。”

“我的记忆，是我独一无二的个人经历。”

“我的记忆和你的记忆，是彼此封闭和独立的。”

但事实上，我们的记忆，并不是一个封闭的系统。

恰恰相反，记忆其实是一个极其开放的系统。我们每时每刻都在主动地接收着外界的各种信息，并用接收到的各种信息来填充和完善记忆中的各种空白和矛盾之处，从而共同形成我们完整的记忆。

那么，为什么我们的记忆会是一个如此开放的系统呢？

原因在于，我们的记忆系统本身如同一个庞大的网络，如果这个网络上的一些节点出现了断裂和模糊，那么就必须通过其他的途径来进行修补和完善。每个人都具有的一种本能倾向，就是使自己的记忆变得协调、合理、完整和易于解释。但在很多时候，我们的记忆偏偏就是会出现一些矛盾和模糊之处。

比如，在前面所列出的这段对话中，按照乙自己的记忆，前一晚毕业聚会，小曼应当是来了，并且就坐在旁边的那一桌。但现实是，在甲给他看的合影中，乙并没有发现小曼。

换句话说，乙的记忆与现实出现了矛盾。

而这种矛盾，会使得乙体验到不适，也会驱动乙主动去获取其他信息，以解释和消除记忆中存在的矛盾。

此时，甲告知乙，昨晚小曼因为有急事，刚来一会儿就离开了。

这其实只是甲的描述。但乙在听完甲的描述后，迅速地把甲的描述融入了自己的记忆。

于是，乙形成了这样的“合作记忆”：

“昨晚小曼确实来了，但是因为急事很早就走了，也因此没有能够参加后来的合影。”

此时，记忆与现实之间存在的矛盾消失了，乙的记忆终于变得协调。

但细想起来，乙自己所拥有的记忆，其实只有“小曼就坐在咱们旁边那一桌”而已。至于“小曼没有参加后来的合影”“小曼因为有急事提前离开了”，并不是乙自己的记忆。

同样的情况，乙对于自己在聚会当晚唱歌的事情并没有记忆。但在听完甲的描述后，乙形成了“当天晚上，我曾经站在椅子上唱过歌”的记忆。

并且，乙在事后感觉到胳膊疼痛，却对疼痛形成的原因没有记忆。但乙在甲的帮助下所形成的这段“合作记忆”则很好地解释了乙胳膊疼痛的原因，修补了乙记忆网络中的模糊与不易解释之处，这也使得乙对于这段记忆本身的真实性更加深信不疑。

再比如，在上面的对话中，乙对于后半夜的具体情形并没有记忆，但在与甲进行讨论之后，乙形成了“当晚后半夜，我又去对面的宿舍闹事了”的“合作记忆”。并且，由于乙本身已经存在“当晚，我后半夜曾经醒过一次”的记忆，而甲所描述的情形也与乙本身的这段记忆高度协调，也就更有利于乙将甲的描述融入自己的记忆之中。

现在，对于乙来说，他相信这些全部都是他自己的记忆。

最后，我们来理一下乙自己最初的记忆，以及乙跟甲进行讨论之后所形成的“合作记忆”。

以下是乙自己最初的记忆：

“昨天晚上聚会时，我看到小曼坐在我旁边的那一桌。后来我喝多了，就坐在小沙发上，然后就没有意识了。我不知道我是怎么回到宿舍的。到了半夜，我好像醒过来了一次。第二天早晨，我感觉我的胳膊特别疼，不知道为什么。”

以下则是乙在与甲进行讨论之后所形成的“合作记忆”：

“昨天晚上聚会时，我看到小曼坐在我旁边的那一桌。后来我喝多了，我站在椅子上唱歌，从椅子上摔下来，摔到了胳膊。我借着酒劲儿还要跟小曼表白，但是那个时候她因为有急事已经走了，也没能参加大家的合影。再到后来，我就坐在小沙发上慢慢没有意识了，我的兄弟就把我背回了宿舍。到了后半夜我又醒了，我去敲对面宿舍的门，还要跟别人换床睡。幸亏我的舍友帮我解围，才没有跟别人发生冲突。”

两组记忆之间会出现如此大的差别，不由得让我们有一种“细思恐极”之感。这是因为，在司法领域的测谎实践中，一些案件当事人有可能会在案件发生一段时间后，才被安排接受测谎。

如果说，在事情刚刚发生不久，我们还能够分清自己的记忆与“合作记忆”，那么在事情已经发生较长一段时间之后，我们可能已经很难分清它们。

比如，在上面所举的例子中，如果要求乙在第二天马上准确地进行回忆，那么他还可能会分得清楚哪些是自身的记忆，哪些是甲描述的情节。但是，随着时间的流逝，乙自身的记忆会慢慢地彻底与甲所描述的情节融为一体。此时的乙，已经很难分清究竟哪些才是自己真正的记忆。

而这也正是许多有经验的测谎师在测谎过程中，会专门向被测人询问“事情发生后，你又跟其他人讨论过这件事情吗”的重要原因。

接下来我要呈现的对话，是一起刑事案件测谎过程中，测谎师与一名案件当事人的对话。

案发当晚，甲、乙、丙、丁四人酒后结伙来到被害人戊的商铺。甲、乙、丙三人进入了被害人戊的商铺，丁独自一人坐在门外醒酒。随后，甲、乙、丙三人在商铺内与戊发生了激烈的冲突。冲突过程中，戊被一把刀扎成重伤。

然而，办案人员在案发现场并没有发现那把伤人的刀，而几名案件当事人对于伤人的刀也是各执一词。为了弄清楚案发当时，那把刀究竟是谁带去、又是被谁带走的，案件承办人委托测谎师对几个人分别进行测谎。

以下是测谎师与丁进行的部分对话。

测谎师：当时你们一共几个人去的？

丁：算我在内，一共四个人。

测谎师：你们四个人，都进屋了吗？

丁：我没进去，我在院子来回溜达，透透气。

测谎师：其他人呢？

丁：其他人都进屋了。

测谎师：他们在屋里待了多长时间？

丁：五六分钟吧。

测谎师：然后呢？

丁：然后我看到丙从屋里跑出来了，一边跑一边朝我招呼。我没反应过来怎么回事，甲和乙也跟着跑出来了。我感觉可能出事了，就赶紧跟着他们也往外跑。

测谎师：你现在知道是发生了什么事吗？

丁：我知道，屋里那个人被刀给扎了。

测谎师：你们四个人中，那天晚上有人身上带刀了吗？

丁：我没带。

测谎师：其他人呢？

丁：其他人……乙那天带了。

测谎师：你是什么时候看到他带着刀的？

丁：吃晚饭的时候，他把刀掏出来放到桌子上，甲还劝过他，喝酒了身上就别带刀。

测谎师：是什么样的刀？

丁：就是普通的折叠刀，带柄的那种。

测谎师：多长的刀？

丁：二十厘米左右吧。

测谎师：刀柄是什么颜色的？

丁：黄色。

测谎师：他们几个跑出屋子时，你看到乙手里有刀吗？

丁：嗯，我看到了他手里拿着一把刀。

测谎师：其他两个人呢？

丁：我没注意到他们手里有拿东西。

……

在上面这段对话中，丁明确表示：

吃晚饭的时候，乙把刀掏出来放到桌子上。

依照丁的描述，本案的凶器很可能就是乙携带的这把刀，后来又被乙带离了现场。

但测谎师注意到这样一个细节：案发当时，乙和丙在跑出屋子后，被赶来的戊的朋友当场控制住。而丁和甲则侥幸逃脱，后来才主动到公安机关投案。

鉴于此，测谎师必须考虑这一点：

事情发生后，丁是否与甲讨论过这件事情？

针对这一问题，测谎师向丁进行了认真的询问。

丁：事情发生后，我就跟着他们跑了。之后我就给甲打电话，我问他出什么事了。

测谎师：他怎么对你说的？

丁：他就说伤着人了，别的没说。

测谎师：你和甲后来见面了吗？

丁：见面了，我俩一块儿投的案。

测谎师：你俩见面以后，投案以前，讨论过当时发生的事吗？

丁：嗯，说过一些。

……

为了避免案发后丁与甲进行的讨论会影响到丁记忆的准确性，测谎师又与丁进行了下面的对话。

测谎师：这些，是甲跟你讲的，是吗？

丁：是。

测谎师：好。现在，我想要跟你说明一点。这件事情从发生到现在，也有一段时间了，对吗？

丁：对。

测谎师：所以，关于这件事情，有的情节可能是我们自己看到、自己听到、自己经历的，还有的情节可能是别人告诉我们的，或者是其他人在讨论时我们知道的。你能明白它们之间的区别吗？

丁：能明白，就是自己亲眼看到的和听别人说的。

测谎师：对。今天在我们的谈话中，我希望你能仔细地去回忆，哪些东西是你自己亲眼见到、亲身经历的。

……

最后，丁告诉测谎师：

“那天晚饭时，我并没看到乙掏出过一把刀放在桌子上。”

站在丁的角度，他真正亲眼看到的，其实只有“乙从戊的屋里跑出来时，手里拿着一把刀”。

但是，按照丁的记忆，如果乙进屋时，身上根本没有带着刀，那么乙出来的时候，手里又怎么会凭空多了一把刀？

丁的记忆在这里出现了模糊和矛盾。但由于我们的记忆是一个开放的系统，所以这一部分记忆的模糊和矛盾，将通过接收和融合其他来源的信息进行修补和完善，以使得记忆的内容变得更加合理和易于解释。

实际上，丁正是在事后与甲进行讨论的过程中，逐渐完成了这种修补和完善。

丁当晚其实并没有看到乙拿过刀，但是看到了乙跑出戊的屋子时手里拿着一把刀。正在丁试图解释记忆中出现的这一矛盾时，甲告知丁，当天晚上吃饭时他曾经劝过丁，喝酒了身上不要带刀。甲的这一描述迅速地被丁所接收，并使得丁意识到乙当晚一定是身上带了刀，否则甲不会劝乙喝酒不要带刀。

而丁从甲这里接收到的这一信息，又与丁原有的记忆（乙从屋里跑出来时，手里拿着一把刀）高度协调，恰好能够解释丁记忆网络中原有的矛盾之处，使得丁对于整个事件的记忆内容变得合理和完整。于是，这一信息很容易地融入丁自己的记忆之中，形成了“合作记忆”。

需要注意的是，丁之所以能够准确地说出这把刀的样式和尺寸，原因在于，本案中的嫌疑人乙确实有这样一把刀，并且在此之前，丁也曾多次在吃饭时看到乙从身上掏出过这把刀放在桌子上。

但无论如何，具体到案发当天，丁并没有在晚饭时看到乙掏出过这把刀。

在这一部分的最后，我们来关注茱莉亚·肖博士在她的《记忆错觉》一书中所提到的一项心理学实验。

在这项实验中，研究者将被试分为两组，并安排两组被试观看一段视频。视频的内容是一个女孩走进一座空无一人的图书馆归还书籍。

这段视频有两个版本，是从两个不同的角度分别进行拍摄的。

第一组被试所观看的，是从角度A拍摄的视频。在这段视频中，被试可以看到女孩手里拿着的书的书名，还可以看到女孩在离开时把一张便签扔进了废纸篓。

第二组被试所观看的，是从角度B拍摄的视频。在这段视频中，被试可以看到女孩看了看手表上的时间，还可以看到女孩从一个钱包里抽出了一张纸币，然后塞进了自己的口袋。

在观看完视频之后，实验者从第一组和第二组被试中各挑选出了一半，然后让他们两两配组，通过讨论来共同完成一张关于视频的问卷（即“合作完成组”）；另一半被试则被要求独立填写问卷（即“独立完成组”）。

几十分钟之后，每名被试都会被单独询问，视频中究竟发生了哪些事情。这项研究的结果发现：

> 在“合作完成组”中，那些观看了A视频的被试中，有60%表示视频中的女孩犯了罪。但事实上，从他们所观看的视频中，根本不可能看到女孩“偷钱”。除此以外，“合作完成组”中的每名被试的叙述中平均包含了21个从其他被试那里“偷来”的情节。

换句话说，这些被试使用了大量并非自己亲眼所见的情节，填充了自己的记忆。

这种现象，有时也被心理学家形象地描述为**“记忆传染”**。

结果解释：测谎出错了？

对于测谎师来说，有时要做的不仅仅是取得测谎结果，还需要对测谎结果进行解释。

但是，对测谎结果的解释，并不是一件容易的事。

我曾在一部影视作品中看到过这样一个故事。一名老汉用自己多年的积蓄买了一头牛，但不久后的一天，这头牛突然不见了。老汉焦急万分，不吃不喝地四处寻找。功夫不负有心人，老汉在邻村一户人家的棚子中发现了自己丢失的牛。

于是老汉要把自己的牛牵走，却遭到了这户人家男主人的坚决反对。老汉说，这户人家偷了自己的牛，自己要去派出所告他们。然而这户人家的男主人坚称这头牛自己已经养了很多年，根本不是老汉的牛，村里许多人都可以为自己证明。

就这样，双方各执一词，吵得不可开交，而双方的左邻右舍也纷纷主动站出来分别为双方作证。一时之间，孰真孰假确实让人有些难以判断。

几经波折之后，老汉的牛终于被找到，真相大白。原来，老汉的牛并非被邻村的那户人家牵走，而是被一个小偷顺手偷走了。但是，一方面由于老汉寻牛心切，另一方面也是邻村那户人家的牛确实与老汉的牛十分相像，因此老汉将邻村人家的牛错认为自己丢失的牛，这才有了双方的这次误会。

故事的最后，老汉找回了自己的牛，并向邻村的那户人家表达了诚挚的歉意，而对方也大度地接受了老汉的道歉，表示不再追究，这一误会最终得以完美解决。

这个故事引发了我进一步的思考：如果在这件事情的真相难以被查清的情况下，办案人员委托测谎师对双方当事人进行测谎，那么测谎的结果会是怎样的呢？

首先，对男主人的测谎结果应当是“诚实”，因为男主人所讲的是实话，那确实是他的牛，并非偷盗所得。

对这名老汉的测谎结果可能同样会是“诚实”，因为尽管这头牛并不是老汉的牛，但老汉在主观上坚信，这就是自己的牛。

那么问题出现了，此时测谎师手中捧着的，是这样的测谎结果：本案双方当事人的陈述，都是“真实”的。

可以想象的是，当测谎师将这样的结果告知案件承办人时，案件承办人一定会提出这样的疑问：

“双方说的都是实话，那牛到底是谁的啊？”

甚至，案件承办人可能会对测谎师产生这样的质疑：

“你是不是搞错了？这两个人中肯定有一个人说谎了。”

毕竟，在这个具体的时间节点上，办案人员可能还未充分考虑到，老汉的牛其实是被第三人偷走了。

对于办理一线测谎案件的测谎师来说，实践中确实会遇到上例中的棘手情况，也就是：

按照常理推断，双方当事人中必有一方在说谎，但最终的测谎结果却显示双方均为“诚实”。

对于测谎师来说，这是一种十分棘手的情况，也是在考验测谎师对测谎结果的解释能力。

下面，我们就来分析一下出现这种情况的常见原因。

第一个常见原因是**“异常因素的介入”**。

举个例子。

一起受贿案，行贿人坚称自己送给了受贿人20万元好处费，但受贿人表示，自己只收了行贿人10万元的好处费，根本不是20万元。

那么，究竟是受贿人心存侥幸、负隅顽抗，还是行贿人歪曲事实、混淆视听？为了帮助弄清这一问题，案件承办人委托测谎师对行贿人和受贿人分别进行测谎。

这也是测谎师在实践中常常会面对的一类测谎情境。

按常理推断，在好处费的具体数额上，行贿人和受贿人中应当有一个人说了假话。但测谎结果显示，两人的陈述内容都是“真实”的：给了20万元的好处费是“真实”的，收了10万元的好处费也是“真实”的。

为什么会这样呢？原因就在于本案中出现了“异常因素的介入”。

具体来说，本案中的行贿人并非亲自将20万元的好处费交给受贿人，而是安排自己的司机予以转交。司机在转交的过程中，偷偷地将其中的10万元据为己有。因此，行贿人确实为受贿人准备了20万元的好处费，而受贿人收到的也确实是10万元的好处费。

在这个例子中，作为第三人出现的司机，成了一个异常的介入因素。而在将这个异常的介入因素纳入解释体系后，原本看似矛盾的测谎结果也得到了很好的解释。

第二个常见原因是**“感知视角的差异”**。

举个例子。

被害人是菜市场的一名小贩，某天在卖菜的过程中与前来买菜的嫌疑人发生了口角。当时两人相距很近，嫌疑人处于站立状态，被害人蹲在地上。两人越吵越凶，于是被害人“腾”的一下站了起来。然后，嫌疑人突然朝被害人伸出了胳膊，被害人身子一晃，就倒在了地上。

为了弄清楚在那一刻究竟发生了什么，案件承办人对当时在场的两名目击证人进行了询问。

第一名证人陈述，当时他看到被害人突然站了起来，对着嫌疑人骂了一句，于是嫌疑人突然朝被害人身体前部猛推了一把，被害人一下子就倒在了地上。

第二名证人陈述，当时他同样看到被害人站起来后骂了嫌疑人一句，但由于被害人站起来时用力过猛，身体没有站稳，于是突然向后仰去。嫌疑人见状，迅速地伸出胳膊拽了被害人一把，试图稳住被害人，但还是没能拽住被害人，最终被害人以一个侧卧的姿势摔倒在地。

按照第一名证人的陈述，事发当时，嫌疑人对被害人实施了“推”的行为，造成了被害人受伤；而按照第二名证人的陈述，嫌疑人当时对被害人实施的是“拽”的行为，目的是防止被害人受伤。

两名证人均如实陈述了自己所见的情形。而这种看似矛盾的状况之所以会出现，是因为本案中的两名证人出现了“感知视角的差异”。

本案的嫌疑人在事发当时所做出的，实际上是一个“拽”的动作。具体来说，第一名证人在事发当时是站在被害人的后方。从这个角度来看，嫌疑人当时突然向被害人的身体前部伸出手臂，确实很像一个“推”的动作，因此第一名证人才会认为嫌疑人当时是在“推”被害人。而第二名证人在事发当时是站在嫌疑人的前方，从这个角度可以清楚地看到，案发当时嫌疑人伸出手臂，是一个“拽”的动作，他在试图拉住被害人的身体。

类似这样的例子还有很多，下面我再举一个例子。

一起寻衅滋事案件。案发当时，几名嫌疑人酒后将被害人拦住，并对被害人实施了殴打。在殴打过程中，有两名目击者目睹了整个过程。

现在，办案人员向两名证人分别核实，其中的某一名嫌疑人是否参与了对被害人的殴打。

第一名证人表示，案发当时，自己看到了该名嫌疑人对被害人实施殴打；但第二名证人则表示，案发当时，该名嫌疑人并没有打过被害人。

两名证人都对自己证言的准确性表现出了高度的自信。事实上，两名证人同样都是如实陈述了所见情形。这种矛盾状况的出现，同样是因为在案发当时，他们观察和感知事件的视角存在差异。

具体来说，案发当时，第一名证人是站在三楼宿舍的阳台上目击了事件的整个过程。从该名证人所站的位置，可以清楚地观察到案发当时每一名嫌疑人的举动，因此他清楚地看到了该名嫌疑人参与实施殴打的过程。第二名证人则是站在楼下目击了这一事件。在第二名证人与几名嫌疑人所站的位置之间，停放了一辆汽车。正是这辆汽车阻隔了第二名证人的部分视线，导致该名嫌疑人恰好处于第二名证人的视线死角。因此，尽管该名嫌疑人参与实施了对被害人的殴打，但第二名证人并没有能够感知到这一行为的存在。

需要强调的是，这种“感知视角的差异”，并非仅指感知视角的空间差异，也包括感知视角的时间差异。

另一起寻衅滋事案件。某天深夜，嫌疑人与自己的几个小弟手持刀具，对周边几个仓库内的货物进行破坏。第二天，几名被害人在发现自己的货物遭到人为破坏后纷纷报警。

嫌疑人到案后辩称，自己只是跟几个小弟说一起去周边的仓库转转，根本没有让他们拿着刀跟自己去仓库搞破坏，谁知几个小弟到了仓库后就掏出随身携带的刀搞起了破坏，他也不知道是为什么。

为了进一步核实整个犯罪行为是否由嫌疑人提议和主导，三个小弟甲、乙、丙分别接受问话。

在这三人之中，甲、乙二人均供述称，在去仓库之前，嫌疑人曾经明确提议去仓库进行破坏，并跟他们几个人讲过，让他们随身带着刀。但丙供述称，在去仓库之前，嫌疑人并没有跟他们说要去仓库搞破坏的事情，也没有讲过让他们身上带着刀，他的刀是在到达仓库以后，乙递给他的。

尽管丙与甲、乙二人的供述截然相反，但他们所说的都是真话。

事实上，本案中的嫌疑人确实曾向几个小弟提议去仓库搞破坏。而丙之所以会做出与甲、乙不同的供述，正是因为他与甲、乙二人的感知视角存在时间差异。

具体来说，案发当晚，嫌疑人首先提议几个人一起去仓库转转，此时甲、乙、丙三人与嫌疑人是待在一起的。然而，在即将离开住处前往仓库之时，丙去屋外找地方小解，嫌疑人恰在此时明确嘱咐小弟们带上刀具去对仓库内的货物进行破坏。由于丙当时并不在屋内，所以从丙的角度来看，嫌疑人确实“没有”提议进行破坏。

第三个常见原因是**“主观认知的偏差”**。

前文提到的“老汉寻牛”的故事，就是一个典型的例子。

具体来说，尽管老汉找到的那头牛事实上并非他的牛，但老汉在万分焦急之下出现了错误的判断，主观上错误地将邻村的牛认知为自己的牛。在这种情况下，尽管老汉的主观认知与客观事实并不相符，但如果对其进行测谎，那么测谎的结果也很可能显示其为“诚实”。

测谎演化：火刑、“圣猴”和空蛋壳

自人类诞生之日起，谎言就随之出现。

众所周知，专业的测谎仪一百多年前才出现，并逐渐应用于司法实践。而在这之前的漫长岁月里，司法活动中已经出现了许许多多的测谎方法。这些方法有的是基于一定程度的迷信，有的是借助巧妙的“心理学圈套”，有的则是运用了生理心理学的相关原理。

最早的测谎方法，是人类借助自然界中的相关现象，对谎言进行甄别。下面举三个例子：

一是**“火刑”**。具体的做法是，让人将手放在火焰上烧一段时间，再把手收回来。

二是**“油刑”**。具体的做法是，让人将手伸进热油中，再把手拿出来。

三是**“石刑”**。具体的做法是，让人将手伸进烧开的沸水中，把水中的石头捞出来。

这三种甄别谎言的方法，在具体的“操作”上有所不同，但判断的标准存在极大的相似之处——如果此人的手伤得很轻，或者愈合得很快，则此人是诚实的；如果此人的手伤得很重，或者愈合得很慢，则此人是说谎的。

站在今天的角度来看，这些测谎方法是残忍的，也基本不存在科学的依据。所以，这些方法是应当被禁止的。

事实上，这些方法之所以会出现，其根本原因还是在于当时社会的生产力水平极其低下，相应地导致了人们认识能力的不足。

而随着生产力水平的发展，人们的认识能力也得到了提高。人们主要通过两种方式，借助心理学原理对谎言进行甄别。

第一种方式，是借助心理学原理来设置“心理学圈套”，诱使说谎者掉入圈套，进而表现出与诚实者不同的行为。

这种方式的典型代表之一，是古印度的**“圣猴法”**。

传说，古印度有这样一只“圣猴”，如果说谎者去触摸它的尾巴，它就会大叫；而无论诚实者怎样触摸它的尾巴，它都不会发出叫声。

在对案件进行裁判时，裁判者会事先将这只“圣猴”放在一间黑屋之中，然后让几名嫌疑人逐一进入这间小黑屋，去触摸“圣猴”的尾巴。

事实上，这只所谓的“圣猴”，只是一只尾巴上被抹了黑色粉末的普通猴子而已。

当几名嫌疑人逐一走进小黑屋，再逐一走出小黑屋时，裁判者只需要检查谁的手上没有黑色粉末，就知道谁是说谎者了。说谎者因为心虚，自然不敢去触摸“圣猴”的尾巴，因此手上并没有沾染黑色的粉末。相反，诚实者因为问心无愧，会大胆地触摸“圣猴”的尾巴，因此手上自然沾染了黑色的粉末。

这种甄别谎言的方式，实际上是给说谎者设计了一个“心理学圈套”。当说谎者进入这个圈套时，就会做出与诚实者不同的行为，从而暴露出破绽。

第二种方法，是借助心理学原理，通过观察诚实者与说谎者在生理变化方面呈现的差异，对谎言进行甄别。

这种方法的典型代表之一，是**“嚼米法”**。

“嚼米法”具体是指，当裁判者不能确定谁才是真正的罪犯时，会让嫌疑人咀嚼稻米。在嫌疑人咀嚼一阵后，裁判者会要求其将嘴里的稻米吐出。

如果嫌疑人能够十分轻易地吐出嘴里的稻米，就表明他是诚实的；相反，如果嫌疑人艰难地吐出嘴里的稻米，并且许多稻米粘到了他的上颚和舌头上，那么就表明他在说谎。

“嚼米法”所利用的心理学原理非常简单，就是人在说谎时产生的高度紧张会抑制其消化系统的功能，导致唾液分泌减少，进而很难吐出嘴里的稻米。

与“嚼米法”相似的，还有**“空蛋壳法”**。

“空蛋壳法”是指，裁判者在嫌疑人手中放一个空蛋壳，如果嫌疑人在讲话的过程中，手中的空蛋壳始终完好，就表明他是诚实的；如果嫌疑人手中的空蛋壳破裂了，则表明他在说谎。

“空蛋壳法”所利用的心理学原理，其实是人在说谎时会高度紧张，因此会表现出一系列不受控制的细微肢体动作。

类似的方法还有很多，我们会发现，无论是“嚼米法”还是“空蛋壳法”，其实都存在很大的问题。

比如，紧张和焦虑并非只存在于说谎者身上。诚实的人在讲真话时，同样可能会紧张和焦虑。

换句话说，诚实的人也很可能会无法吐出嘴里的稻米，或捏碎手里的空蛋壳。

这些曾经的测谎方法存在明显的不足，主要表现在以下方面：在对生理指标的选取方面，还没有找到具有高区分度的生理指标对谎言进行甄别；在实施程序方面，还没有使用严谨的实验范式来进行标准化的测谎；在结果分析方面，还没有使用标准化的算法来对生理指标的相关数据进行精确的量化评估；等等。

但我想强调的是，即使这些测谎方法存在各种各样的缺陷与不足，但我们应该看到它们的价值。事实上，正是因为有了这些看似粗糙、简陋的测谎方法的铺垫和启发，我们才终于开始从生理心理学的角度，尝试探索说谎者与诚实者究竟会表现出哪些不同。

这种思路的出现是很可贵的。

我们应当看到，现代测谎技术其实就是在这些测谎思路和方法的基础上，一步步演化而来的。

我曾经见到有人用嗤之以鼻的态度来讲述这些曾经存在过的测谎方法。但对于测谎师来说，我们要用发展的眼光来看待事物，同样也要用发展的眼光来看待测谎技术的发展。

或许很多年以后，测谎技术会发展到让每一名测谎师都感到惊叹，甚至是难以想象的地步，但无论如何，那时的人们应当仍然能够从它们身上看到今天测谎技术的影子。

保护无辜：为有罪者证明“清白”

在阅读本书的过程中，有的读者可能会对测谎产生这样的误解：

“测谎的目的，就是准确地拆穿谎言，让说谎者无处遁形。”

换句话说，测谎就是为了戳穿说谎者的谎言。

毕竟，在我的书中，有大量的例子都是用来讲述测谎师是如何通过测谎来拆穿说谎者的谎言的。所以，如果读者对测谎产生这样的误解，也不足为怪。

但在这里，我想要澄清一点：

与戳穿说谎者的谎言相比，测谎还有另一个更为重要的作用，那就是帮助无辜者证明清白。

当一个无辜的人不幸卷入一起案件当中，当他如实地辩解自己与案件无关却并不被人所相信时，测谎有时就成了他的一根救命稻草。

正因如此，对于测谎师来说，职业上的成就感一方面来源于拆穿了说谎者的谎言，揭露了说谎者所实施的犯罪行为；另一方面也来源于明确了诚实者的真话，保护了无辜者不受冤枉。

有意思的是，作为测谎师，在实践中有时不仅会帮助无辜者证明清白，还可能会帮助有罪者证明“清白”。

帮助有罪者证明“清白”，这是什么意思？

下面我举一个例子。

一起盗窃案件，情节相对比较简单，涉及的犯罪数额也并不巨大。但就是在这样一起普通的案件中，测谎师通过测谎，成功地帮助有罪者证明了自己的“清白”。

被害人在一间网吧内玩游戏。在玩了连续几个小时的游戏后，被害人起身离开座位去了卫生间。

被害人陈述，他从卫生间回来后，继续坐在座位上玩游戏。没过多久，他猛然发现自己游戏账户中的钱全部被人转走了。他大吃一惊，赶忙叫来了网管。在网管的建议下，他报了警。

就在等待警察到达的这段时间里，他翻看自己放在桌洞里的钱包，发现钱包里的两千元现金也不翼而飞了。

被害人努力进行回忆，终于记起坐在自己旁边位置上的那名男子，觉得他十分可疑，而该名男子已经离开。

通过调取网吧内的监控录像，办案人员发现，被害人所坐的位置恰好是监控摄像头的一个拍摄死角。借助监控录像能够看到的是，在被害人离开座位去卫生间的这段时间内，坐在被害人左侧位置的一名男子站起身，朝被害人的座位走了过去。至于这名男子之后做了什么，监控摄像头则无法拍摄到。

照此看来，该名男子存在重大嫌疑。

该名男子到案后，很快便承认这件事情确实是自己所为。他供述称，自己一时鬼迷心窍，趁被害人不在座位的这段时间，通过操作被害人的电脑，将被害人游戏账户内的钱全部转入自己的账户内，然后离开了现场。

但接下来当办案人员询问丢失的现金时，该名男子却表现出十足的惊讶。他表示，自己根本没有见到过被害人的钱包，更没有偷过被害人钱包里的钱。

面对一直大喊冤枉的犯罪嫌疑人，办案人员不禁产生疑惑：既然嫌疑人已经如实供认自己盗取了被害人游戏账户内的钱，又为何始终对拿走两千块钱的事情矢口否认？

为了进一步弄清案件事实，案件承办人委托测谎师对这名嫌疑人进行测谎。

在经过充分的前期准备后，测谎师对本案的嫌疑人进行了测谎。

正式测谎阶段，测谎师发问的部分问题和被测人的回答如下。

问：那个钱包是什么颜色的，能如实回答吗？
答：能。
问：那个钱包是黄色的吗？
答：不知道。
问：那个钱包是白色的吗？
答：不知道。
问：那个钱包是红色的吗？
答：不知道。
问：那个钱包是蓝色的吗？（目标问题）
答：不知道。
问：那个钱包是花色的吗？
答：不知道。
……

生理反应图谱显示，这名被测人在对“那个钱包是蓝色的吗”回答“不知道”时，并没有出现显著的异常。

换句话说，这名被测人并不清楚钱包的颜色。

问：你知道那个钱包当时被放在哪里了吗？
答：不知道。
问：是被放在书包里了吗？
答：不知道。
问：是被放在外套里了吗？
答：不知道。
问：是被放在桌子上了吗？
答：不知道。

问：是被放在桌洞里了吗？（目标问题）

答：不知道。

问：是被放在地上了吗？

答：不知道。

……

生理反应图谱显示，被测人在对“（那个钱包）是被放在桌洞里了吗”回答“不知道”时，生理指标依然没有出现显著异常。

换句话说，这名被测人并不清楚钱包是从哪里被偷的。

问：你知道钱包里有多少现金吗？

答：不知道。

问：是一千块钱左右吗？

答：不知道。

问：是两千块钱左右吗？（目标问题）

答：不知道。

问：是三千块钱左右吗？

答：不知道。

问：是四千块钱左右吗？

答：不知道。

问：是五千块钱左右吗？

答：不知道。

……

生理反应图谱显示，被测人在对“是两千块钱左右吗”回答“不知道”时，生理指标依然没有出现显著的异常。

换句话说，被测人并不清楚丢失的钱的数额究竟是多少。

测谎师针对案件中的其他重要情节，继续对被测人进行了一系列测试，最终得出测谎结论：两千元现金的失窃并非嫌疑人所为。

由此看来，尽管本案的嫌疑人实施了窃取他人游戏账户内钱款的犯罪行为，但在两千元现金失窃这件事情上，他确实是无辜的。

通过测谎，测谎师帮助他证明了在现金失窃这件事情上的清白。

正当防卫：测谎的具体思路

《刑法》第二十条第一款规定："为了使国家、公共利益、本人或者他人的人身、财产和其他权利免受正在进行的不法侵害，而采取的制止不法侵害的行为，对不法侵害人造成损害的，属于正当防卫，不负刑事责任。"

在一些案件中，嫌疑人会辩称，自己在案发当时的行为是出于正当防卫。

一方面，嫌疑人也许真的是为了制止不法侵害，实施了正当防卫；另一方面，嫌疑人也可能是在编造正当防卫的情节，企图逃避法律的制裁。

在被害人已经不幸死亡的情况下，事实将变得更加难以判断。

鉴于此，为了进一步明确案发当时的真实情况及更加准确地判断是否存在正当防卫情形，案件承办人会将案件委托到测谎实验室。

我将以一个测谎案例来具体说明，测谎师如何对涉及正当防卫的案件进行测谎思路的设计。但是，首先我要强调：

是否构成正当防卫，本身是一个法律问题。测谎不能直接对这个法律问题进行核实。

这一点很重要。

测谎师需要将"是否构成正当防卫"这个法律问题，分解转换为一系列适合测谎的客观化行为。在此基础上，才能对被测人进行有效的测谎。

下面我构思了一个例子。

嫌疑人是某村的一名村民，被害人是该村的一名村干部。两人之间的关系原本不错，但后来因为一间房的事情产生了矛盾。

案发当晚，嫌疑人独自在家喝酒。借着酒劲儿，嫌疑人拨通了被害人的电话。被害人在电话中回复嫌疑人，让嫌疑人在家等他，稍后他会到嫌疑人家中与他详谈。

十几分钟后，被害人来到了嫌疑人家中。

以下为本案嫌疑人的大致供述：

“我正坐在小板凳上喝酒，然后门被人推开了。我抬头一看，是他（被害人）进来了。于是我指了指对面的小凳子，示意他坐下来。他也没说什么话，走到我对面的小凳子旁边，然后坐下了。我拿了一个小杯子，给他倒了一杯酒，然后我端起酒杯，敬了他一杯酒。他也端起酒杯，把那杯酒喝了。

“我俩又喝了几杯酒，然后就开始聊那间房的事儿。聊着聊着，他火儿就上来了。他就指着我的鼻子骂，骂我不是东西。当时我俩都坐在凳子上，我们之间的那张桌子也很小，他几乎是指着我的鼻尖骂。

“他一边骂我，一边一下子站了起来。他坐的位置的后方是一个灶台。他一回身儿，就把灶台上放着的一把菜刀拿起来了。我还没反应过来，他举起菜刀就朝我砍了过来。

“我赶忙躲闪，他隔着桌子抡着菜刀一直在砍我，砍了总共有三刀吧，都被我闪开了。我当时也急了，他这几刀都是照着我的头砍的，这是想要我的命。这会儿工夫，我看到桌子上有把小刀，那把小刀是我下午切肉时用的，切完肉之后就被我随手放在了桌子上。我也没时间多想，伸手就抓住了那把小刀。然后我就握住那把小刀，一闭眼朝他扎了过去。

“然后我就看到他捂住脖子，手里的菜刀也掉在了地上。他捂着脖子转过身，摇摇晃晃地朝门口走过去。走到接近门口的位置时，他突然趴在了地上，然后再也没有动弹。我吓坏了，哆哆嗦嗦地掏出手机，打电话报了警，然后一直等警察到达。”

鉴于被害人已经死亡，本案出现了死无对证的情况。除此以外，由于案发现场是嫌疑人家中，因此也没有任何的目击证人或监控录像。

这给事实的查明带来了不小的困难。

为了帮助判断这名嫌疑人是否存在正当防卫情形，案件承办人委托测谎师对这名嫌疑人进行测谎。

前文中已经提到，是否构成正当防卫是个法律问题，所以测谎师首先需要把这个法律问题分解转化成一系列客观化的行为，然后在此基础上进行测谎思路的设计。

具体到本案中，测谎师需要对被测人进行核实的第一个重要问题就是：

“案发当时，他（被害人）拿刀了吗？”

如果测谎结果显示嫌疑人的陈述是虚假的，换句话说，案发当时被害人根本没有拿过刀，那就直接表明，所谓正当防卫的情节，很可能是嫌疑人编造的。

如果测谎结果显示嫌疑人的陈述是真实的，换句话说，案发当晚被害人确实拿过刀，那么，接下来的测谎会更加复杂一些。

毕竟，即使被害人在案发当晚确实拿过刀，也会存在许多种不同的情形。

比如，一种可能存在的情形是：

案发当时，嫌疑人持刀扎刺被害人。被害人出于自卫，情急之下拿起灶台上的菜刀试图防卫，但最终还是被嫌疑人扎到了脖子，不幸丧命。

鉴于此，为了更好地弄清楚案发当时的真实情形，测谎师接下来还需要核实第二个重要问题，那就是：

“案发当时，是他（被害人）先拿的刀吗？”

如果对这一问题的测谎结果表明，嫌疑人的陈述是虚假的，换句话说，案发当时，先拿起刀的其实是嫌疑人，那么，这无疑为案件承办人提供了一个重要信息。

但是，如果对这一问题的测谎结果表明，嫌疑人的陈述是真实的，换句话说，案发当时，确实是被害人先拿的刀，那么，测谎师接下来还需要核实第三个重要问题，那就是：

“案发当时，他（被害人）砍你了吗？”

毕竟，被害人是否拿刀、是否先拿刀，与被害人是否砍嫌疑人之间并不存在必然的联系。而按照嫌疑人的辩解，被害人当时手持菜刀朝他头部砍了三刀，均被他躲开。

如果对这一问题的测谎结果表明，嫌疑人的陈述是虚假的，换句话说，案发当时，被害人并没有砍过嫌疑人，那么，这将帮助案件承办人对案件事实进行更加准确的判断。

但是，如果对这一问题的测谎结果表明，嫌疑人的陈述是真实的，换句话说，案发当时，被害人确实持刀砍过嫌疑人，那么，测谎师可以继续对下面这一问题进行核实，以进一步印证对先前问题的测谎结果：

“你拿刀时，他（被害人）在做什么？”

必须说明的是，为了能够更清楚地突出本书想要强调的重点，我对整个案件的测谎思路做了很大程度的简化处理。

事实上，在测谎实践中，为了从多个角度核实案发当时的真实情况，测谎师会继续对被测人进行一系列的精细测试。

比如，测谎师可以继续向被测人核实下面这个问题：

“他（被害人）倒地后，你碰过那把菜刀吗？”

通过对这个问题的核实，来排除嫌疑人事后伪装现场的可能性。

再比如，测谎师可以编制这样一套题目，对被测人继续进行发问：

你是在哪里扎的他（被害人），能如实回答吗？

你是在床边扎的他吗？

你是在桌子边扎的他吗？

你是在灶台边扎的他吗？

你是在门口扎的他吗？

你是在屋外扎的他吗？

……

通过使用这套题目对嫌疑人进行测谎，来进一步锁定被害人被扎时所处的具体位置，从而帮助分析本案是否存在其他可能性。

范式创新：小心翼翼的过程

现代测谎技术诞生至今，已有一百多年的历史。

在这一百多年的时间里，诞生了许许多多的测谎范式。通过不断的发展，它们逐渐为测谎师广泛使用，来解决不同情境中会面对的各种问题。

每一种测谎范式，本质上都是一种心理学的实验范式。

每一种测谎范式，实践中都是测谎师“装备箱”中的一件得力“工具”。

应当说，成熟的测谎范式，是测谎结果准确性的一个重要保证。但有时，随着对这些“工具”的使用愈加熟练与得心应手，测谎师也会冒出这样一些想法：

“在正式测谎之前，如果我使用另一种指导语，会不会更有利于唤醒作案人的犯罪心理痕迹？”

“如果我将这几个问题的发问顺序做一下调整，会不会产生更好的效果？”

“现在，我把这两种测谎范式糅合为一种范式，是不是能一举两得？”

……

简单来说，在测谎实践中，测谎师有时会基于自身的经验，来尝试对一些固定化的成熟测谎范式进行修改。

假设，在某次办理测谎案件的过程中，测谎师依据对案情的综合研判，使用经过自己修改的测谎范式对被测人进行测谎，得到了非常好的结果。那么，这名测谎师很可能在之后办理测谎案件的过程中，继续使用这种经过自己修改的测谎范式。

因为，测谎师想要再次验证，这种修改后的测试范式的成功究竟是否出于偶然。

应当说，这种对测谎范式的修改，在很大程度上其实是测谎师在认真思考和亲身实践的基础上，对测谎范式所进行的一种创新。

这种对测谎范式的创新无疑是好的，也是推动测谎技术不断发展的不竭源泉。但对测谎范式进行创新的过程，必须是一个小心翼翼的过程。

一个重要的原因在于，实践中各式各样的测谎范式本质上是一个个心理学实验范式。而对于这个心理学实验的设计者（测谎师）来说，最为重要的考量因素就是实验误差的控制和消除。如果这一环节出现问题，那么无论实验结果如何，都是缺乏说服力的。

事实上，心理学领域中经典的实验范式之所以会被研究者们广泛采用，一个重要的原因就在于，这些实验范式的精巧设计，能够实现各类实验误差的最小化。

测谎自然也是如此。那些被测谎师广泛使用的测谎范式，也都是一些能够有效控制和消除误差的精巧实验设计。

回顾测谎范式的发展历史，我们不难发现：在发明之初，这些测谎范式在设计上也存在着各种各样的不足，它们都是在经历了漫长的实践—修正—再实践—再修正的反复过程之后，才最终变成了今天的模样。

而如果对一些固定化的成熟测谎范式进行过分随意的创新，则可能会因为过于寻求某一方面的“突破”，而导致新的实验误差出现。

对于测谎来说，这是致命的，因为测谎是一个操作精密的心理学实验。

更为重要的一点在于，新的实验误差往往以一种极其隐秘的方式出现，并对测谎结果产生影响。如果不经过系统的分析和论证，作为主试的测谎师也许并不能轻易地发现新误差的存在，更不能及时觉察到新误差对测谎结果产生的影响。

回顾现代测谎技术一百多年的发展历史，我们会发现：

每一种成熟的测谎范式，都有着一个漫长的形成和完善过程，并非“一蹴而就”式的精细完备；

每一种成熟的测谎范式，都是从实验心理学中脱胎演化而来，并非“灵光乍现”式的横空出世；

每一种成熟的测谎范式，都是在支持者与反对者的漫长争论之中逐渐完备，并非“一帆风顺”式地被所有人广泛认可。

当然，我并没有说，测谎应当墨守成规，不求变化。我想要表达的意思是，当测谎师要对一些成熟的测谎范式进行大胆创新时，必须是小心翼翼的。

有时，测谎师会惊喜地发现，自己所办理的多起测谎案件的结果均已证明，经过自己创新后的测谎范式，是更加准确实用的。

即便如此，测谎师也不应轻易下结论。

这是因为，我们认知上存在的**“证实性偏误”**，极可能会误导我们对那些与自己假设和期望不一致的证据进行选择性的忽视。

证实性偏误：反面证据的忽视

我们先来看一道心理学教科书中的经典题目。

现在，有这样四张卡片：

第一张卡片上，正面画了一只兔子；

第二张卡片上，正面画了一朵花；

第三张卡片上，正面写了一个数字7；

第四张卡片上，正面写了一个数字4。

请注意，这四张卡片都有正反两面，其中一面是图案，另一面是数字。而我们只能看到卡片的正面，看不到卡片的反面。

接下来，我们要来检验这样一个规则：

如果卡片上的图案有一面是动物，那么它的另一面就一定是偶数。

为了检验这个规则是否正确，我们应当翻看哪几张卡片来进行验证呢？

很多读者可能会认为，需要翻看的卡片应当是“兔子”卡片和“数字4”卡片。具体的思路为：翻看“兔子”卡片，如果背面是偶数，那么这一规则就是正确的；翻看“数字4”卡片，如果背面是动物图案，那么这一规则就是正确的。

但这并不是正确的答案。

事实上，我们真正需要翻看的卡片，应当是“兔子”卡片和“数字

7”卡片。

而我们之所以会做出错误的选择，正是由于我们每个人身上都存在的**“证实性偏误”**。

所谓“证实性偏误”，是指人们总是偏好去寻找信息来“证实”自己的假设，而不是去寻找信息来“证伪”自己的假设。

换句话说，人们喜欢关注那些与自己假设一致的信息，而忽视那些与自己假设矛盾的信息。

具体到这个例子中，很多读者之所以会选择翻看“数字4”卡片，其实就是想要去“证实”这一规则是正确的。

但事实上，无论“数字4”卡片背面是不是动物图案，都不足以“证实”这一规则是正确的。

真正的关键，在于“数字7”卡片背面的图案究竟是什么。

如果“数字7”卡片的背面是动物图案，那么将直接“证伪”这一规则。

简言之，在这个例子中，我们更倾向于通过翻看“数字4”卡片来证实自己的假设，而不愿意通过翻看“数字7”卡片来证伪自己的假设。

关于“证实性偏误”，还有一个典型的例子，就是“疑邻盗斧”。

从前有一个人丢了一把斧子，他怀疑自己的斧子是被邻居的儿子偷走了，于是开始注意观察邻居儿子的一举一动。

他看着邻居儿子走路的样子，感觉他很像偷斧子的人；他观察邻居儿子的神态表情，感觉他确实很像偷斧子的人；他听着邻居儿子跟别人的谈话，更加确信他就是偷斧子的人。

终于，他认定自己的斧子就是被邻居儿子偷走的。

之后的某一天，他在上山时意外发现了遗失的斧子，这才想起来，自己之前上山时，把斧子遗忘在了山上。

在“疑邻盗斧”这个例子中，丢斧子的人在发现斧子丢失后，内心形成了假设，认为斧子是被邻居儿子偷走的。在形成了内心假设后，他开始主动寻找与自己假设一致的信息来证实自己的假设。而对于那些与自己假设不一致的信息，他选择了忽略。最终，通过有选择地收集和使用信息，他得出了错误的结论：邻居儿子就是偷自己斧子的贼。

在生活中，这种“证实性偏误”的例子其实也非常常见。

比如，当你认为一座城市很差劲时，你会寻找各种证据来证实你的判断：你注意到路上有一名行人随地吐了一口痰，会认为这证明了自己的判断是正确的，这座城市的市民素质低下；你注意到路边的几幢居民楼破败不堪，会认为这也证明了自己的判断是正确的，这座城市市容不佳；你注意到一个烟囱正在冒着滚滚浓烟，会认为这更加证明了自己的判断是正确的，这座城市污染严重。

但事实上，这座城市还有很多优点。

比如，繁华的购物中心人来人往，成片的绿化带赏心悦目，城市的居民待人热情，社会秩序非常良好。

这些你也都看到过，但你选择性地对它们进行了忽视，因为这些与你最初的假设和判断相矛盾。

鉴于此，你很可能会因为“证实性偏误”而对这座城市产生错误的评价。

在测谎实践中，“证实性偏误”是一种需要引起测谎师高度关注的认知偏误。

比如，一名测谎师在准备测谎的过程中，详细地查阅了所有在案材料，并对案件事实逐渐形成了自己的内心假设。

如果测谎师受到“证实性偏误”的不当影响，那么在进行测谎的过程中，将有可能更加关注那些能够“证实”自己假设的细节，而忽略那些与自己假设不一致的细节。

这无疑会给测谎带来不利影响。

对于办案人员来说，“证实性偏误”同样影响巨大。

比如，当办案人员已经形成了嫌疑人有罪的内心假设，那么当能够证明嫌疑人无罪的证据出现时，如果办案人员没有足够重视，将可能在“证实性偏误”的不当影响下，对这些证明嫌疑人无罪的证据予以忽视。

事实上，司法心理学家所进行的一系列实验研究已经发现：

实验中的一些侦查人员认为，那些能够证明他们判断的证人证言，是更加可信的。

需要解释的一点是，“证实性偏误”是我们每个人都存在的一种认知偏误。我们要做的，是在充分认识到这种认知偏误的基础上，有意识地培养我们的“证伪”意识，从而使我们在分析和处理问题的过程中，能够同时关注到与自己内心假设一致和不一致的证据，更好地确保结论的客观性。

关于情绪：五种重要的理论

按照我们大多数人的生活经验，我们哭泣是因为我们悲伤，我们尖叫是因为我们害怕，我们大笑是因为我们开心，我们挥拳是因为我们愤怒。

但究竟是我们的悲伤导致了哭泣，还是我们的哭泣导致了悲伤？

比如，在情绪心理学领域，詹姆斯—兰格理论就认为：

我们悲伤是因为我们哭泣，我们愤怒是因为我们挥拳，我们高兴是因为我们大笑。

情绪，是测谎领域的一个重要研究课题。原因在于，司法领域中的谎言，不仅仅涉及被测人的认知，往往还伴随着情绪的诱发。

在这一部分，我们将对情绪心理学领域的五种重要理论一一进行介绍。

首先要介绍的，是我们刚刚提到的**“詹姆斯—兰格理论”**。

这是一种早期的情绪理论，而这种理论的观点，实际上与我们的日常生活经验有些相左。

具体来说，詹姆斯—兰格理论认为，我们情绪的产生过程是这样的：

首先，刺激引发了自主神经系统的活动；
其次，自主神经系统的活动导致生理状态出现改变；
最后，生理状态的改变导致了情绪的产生。

按照这一理论的观点，我们悲伤是因为我们哭泣，我们愤怒是因为我们挥拳，我们高兴是因为我们大笑。

所以，詹姆斯—兰格理论的核心观点是：

情绪，是内脏活动的结果。

兰格以饮酒和药物为例，来说明这一理论的观点。

比如，酒精和一些药物能够引起我们情绪的变化，这是因为它们能够影响血管的活动，而血管的活动引起了自主神经系统的变化，从而影响了情绪的变化。

对于詹姆斯—兰格理论，另一位心理学家坎农提出了这样的疑问：

我们的情绪是瞬息万变的，相比较而言，我们生理变化的速度却要缓慢得多。那么，如果情绪就是内脏活动的结果，我们的情绪又是如何做到瞬息万变的呢？

在此基础上，坎农提出了另一种情绪理论。这种情绪理论后来得到了巴德的支持和发展，所以又被称为**“坎农—巴德理论”**。

坎农—巴德理论认为，我们情绪的产生过程，应当是这样的：

首先，外界的刺激引起了感觉器官的神经冲动；

其次，神经冲动通过内导神经传至丘脑；

最后，丘脑同时向上和向下发出神经冲动。具体来说，神经冲动向上传导至大脑，产生情绪的主观体验；神经冲动向下传导至内脏和骨骼肌等，引起机体的生理变化。

举例来说，当我们意外遭遇一只老虎时，首先视觉器官通过接收刺激，从而产生神经冲动。神经冲动在传至丘脑后，会同时发出两种神经冲动：一种神经冲动传导至大脑，使我们意识到老虎的出现；另一种神经冲动传导至内脏和骨骼肌，从而引起我们生理上的应激状态，如血压升高、心跳加快、瞳孔放大等。

换句话说，我们的情绪体验和生理变化应当是同时发生的，它们都受到了丘脑的控制。

所以，坎农—巴德理论的核心观点是：

情绪的中心并不在外周神经系统，而是在中枢神经系统的丘脑。

但是，情绪真的是直接由刺激情景决定的吗？

心理学家阿诺德提出，我们的情绪并非直接由刺激情景决定的。从刺激的出现到个体情绪的产生，中间有一个对刺激进行评价的过程。所以，即使是面对同一刺激情景，如果我们对它的评估不同，就会产生不同的情绪。

比如，在观看同样的恐怖片段时，有的人会觉得很害怕，选择立即逃离；而有的人会觉得很兴奋，选择继续观看。

按照阿诺德的观点，如果个体在对刺激情景进行评估后认为该刺激情景是对自己有利的，那么就会诱发个体的积极情绪体验，从而主动接近该刺激物和刺激情景；如果个体对刺激情景进行评估后认为该刺激情景是对自己不利的，那么就会诱发个体的消极情绪体验，个体会希望尽可能远离该刺激物和刺激情景。

在此基础上，阿诺德提出了一种新的情绪理论：**“评定—兴奋理论”**。

按照评定—兴奋理论的观点，我们情绪产生的过程是这样的：

首先，外界刺激作用于感受器，产生了神经冲动，并通过内导神经传送至丘脑，之后再传送至大脑皮层；

其次，在大脑皮层上，刺激情景将会被进行评估，并形成相应的态度，如愤怒、恐惧、愉快等；

最后，这种态度会通过外导神经将大脑皮层的冲动传送至丘脑，将兴奋传送至血管和内脏，从而使得个体获得相应的感觉。

所以，评定—兴奋理论的核心观点就是：

情绪产生的最重要条件，是大脑皮层对刺激情景的评估结果。

但是，心理学家沙赫特和辛格在进行了大量的研究后指出，我们的情绪应当是受环境影响、生理唤醒和认知过程三种因素共同制约的。

在此基础上，沙赫特和辛格提出了**“三因素情绪理论”**。

要想解释这一理论，就先要讲到一个实验。

在这个实验中，研究者给被试注射了一种药物，并告诉他们，刚才给他们注射的是一种维生素，目的是检测一下这种维生素对视力的影响。

但实际上，实验者给被试注射的药物是肾上腺素。肾上腺素能使人呼吸加快，心跳与血液流动加速，并出现手发抖、脸发热等生理反应。

接下来，这些被试被分成了三组。

研究者告诉第一组被试：

“在注射了这种新药后，你们会出现心跳加快、呼吸急促、手颤脸热的情况。”

这是注射肾上腺素之后人体会出现的真实生理变化。

研究者告诉第二组被试：

“在注射了这种新药后，你们可能会没有什么感觉，或者可能会感到有些发麻发痒，还有可能会有些头痛。”

这是研究者故意告诉了被试错误的信息。

对于第三组被试，研究者什么也没有告诉他们。

然后，研究者给三组被试分别安排了两种实验情境：第一种实验情境，是一种令人愉快的环境；第二种实验情境，是一种令人愤怒的环境。

实验结束后，研究者询问被试当时的心理体验。

如果生理唤醒能够单独决定情绪，那么三组被试应当会产生同样的情绪，因为他们的生理唤醒状态都是相同的；如果环境因素能够单独决定情绪，那么所有处在愉快情境中的被试都应当产生愉快情绪，而所有处在愤怒情境中的被试都应当产生愤怒情绪。

但研究结果表明：

第一组被试，无论在愉快的情境中还是在愤怒的情境中，都没有出现任何的情绪反应；第二组和第三组被试，在愉快的情境中出现了愉快的情绪反应，在愤怒的情境中出现了愤怒的情绪反应。

由此我们发现：

无论是生理唤醒还是环境因素，都不能单独地决定我们的情绪反应。

研究者认为，第一组被试之所以没有在实验情境中出现任何情绪反应，原因在于，他们已经被如实告知药物会导致生理上出现的各种变化。因此，他们便不再去寻找环境中的线索，而是将自己生理上出现的各种变化归因于服用药物而造成的生理唤醒水平的变化，并未将其归因于具体的情境。

所以，沙赫特与辛格情绪理论的核心观点就是：

生理唤醒是情绪激活的必要条件。但是，真正的情绪体验还需要个体对唤醒状态进行认知。所以，情绪发生的关键，还是取决于认知。

而另一位心理学家拉扎勒斯，则从一个不同的角度来看待情绪。

拉扎勒斯认为，情绪是人与环境相互作用下的产物。在情绪活动中，我们并非被动地接受和适应环境中出现的刺激事件。事实上，我们还会主动调节自己对于刺激的反应。

在此基础上，拉扎勒斯提出了情绪的**“认知—评价理论”**。

认知—评价理论认为，情绪是在人与环境相互作用的过程中形成的。在情绪活动中，人们需要不断地评价刺激事件与自身的关系。

具体来说，有三个不同层次的评价。

第一个层次的评价，是**初评价**。初评价是指，我们确认环境中出现的刺激对自己是有利的还是有害的，以及利、害的程度。

第二个层次的评价，是**次评价**。次评价是一种控制判断，即判断我们能否控制环境中出现的刺激，以及我们在多大程度上能够对该刺激进行控制。

第三个层次的评价，是**再评价**。再评价实际上是一种反馈性的行为，即我们对自己的情绪反应和行为反应是否适当、有效的一种评价。

我们可以看到，拉扎勒斯的认知—评价理论实际上是从“适应环境”的角度来解释我们的情绪反应的。

在这一部分，我们对詹姆斯—兰格理论、坎农—巴德理论、阿诺德的评定—兴奋理论、沙赫特和辛格的三因素情绪理论、拉扎勒斯的认知—评价理论进行了详细的介绍。

事实上，有关情绪的心理学理论与学说远不止于此。而心理学家在情绪领域的争论与探索，也从未停止。

毕竟，我们人类的情绪，可能真的是这世界上最复杂的东西。

第二章

高度警惕：测谎之陷阱

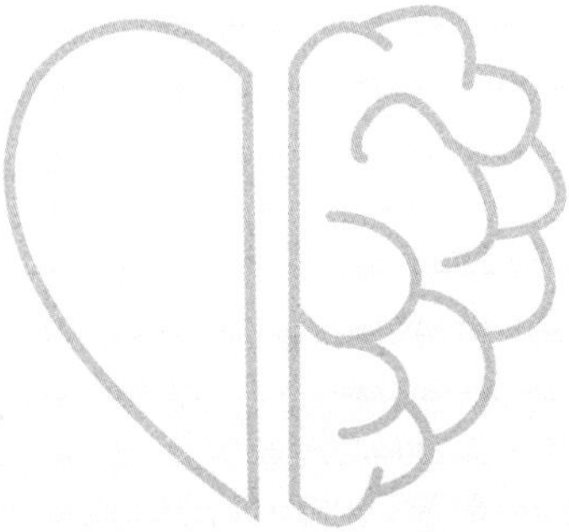

罗森塔尔效应：测谎中的危险陷阱

20世纪初，一匹名叫“汉斯”的马引起了科学家的广泛关注。

这匹马之所以能够引起广泛的关注，是因为它并不是一匹普通的马，而是一匹“会算术”的马。

具体来说，汉斯能够用前掌敲击地面的次数代表答案，以此来解答算术题目。

比如，当询问汉斯“三加四等于几”时，汉斯就会用前掌敲击地面七下，代表答案是“七”。

许多人惊讶于汉斯的这一技能，但也有不少人对此表示怀疑。

马真的会算术吗？会不会是马的主人做了什么手脚？

于是，一些专家开始对汉斯进行仔细的研究。

经过一段时间的观察后，专家们表示，即便并非由汉斯的主人进行提问，汉斯仍然可以准确地完成“计算”。

最终，心理学家发现了其中的秘密。事实上，汉斯并不会算术，那么它究竟是如何准确地给出算术答案的呢？

经过认真的观察，心理学家发现，汉斯其实是从提问者无意识的表现中，发现了答案。

具体来说，当提问者向汉斯提问一道算术题目后，提问者就会低下头去观察汉斯的前掌。而当汉斯敲击地面的次数接近正确答案时，提问者会无意识地微微抬起头，或者用眼睛看着汉斯。而汉斯也迅速地捕捉到了提问者的这种期待，从而停止敲击地面，得出了正确的答案。

由此看来，汉斯之所以“会做算术题”，并非因为它真的懂算术，而是因为提问者通过一些无意识的表现，告诉了汉斯正确的答案。

这是一个很有意思的故事。在这个故事中，汉斯之所以“会做算术题”，其实是因为**“罗森塔尔效应”**的存在。

罗森塔尔效应，在实验心理学中也被称为“主试效应”。它是指主试的行为、态度和指导语的倾向，会对被试产生影响。

在汉斯的故事中，提问者就是主试，汉斯就是被试。主试的期望和许多无意识的行为对被试产生了影响，从而“帮助”被试找到了正确的答案。

心理学家通过下面这样一个实验，验证了罗森塔尔效应的存在。

这项实验在一所小学进行。心理学家从这所小学的一到六年级学生中随机抽取了一些学生，并进行了一项所谓的能够预测他们未来发展能力的测验。

测验结束后，心理学家故作神秘地交给学校老师一份名单，并告知这所学校的老师：权威测验的结果显示，凡是出现在这个名单上的学生，他们未来在学术上会取得更大的成就。同时，心理学家嘱咐学校的老师，一定要对这件事情保密，不能告诉学生们。

事实上，心理学家说谎了。那项测验根本不能预测学生在未来的学术成就，而那份名单上的学生也只是心理学家随机挑选出来的而已。

然而，八个月后，当心理学家再次对那些学生进行测试时，结果令人大吃一惊：凡是上了那份名单的学生，每个人的成绩都有了明显的进步，性格变得更开朗，自信心变得更强，人际交往方面也表现得更优秀。

之所以会出现这种结果，就是因为罗森塔尔效应的存在。

具体到这项实验中，学校的老师因为受到那份名单的暗示，从而对出现在名单上的学生抱有更高的期望。因此，老师会无意识地通过赞扬、辅导等表现，将这些藏在内心的期望传递给名单上的学生。

而出现在名单上的学生，也会通过更加积极的表现来对老师的期望给予正面的回应；学生的这种积极回应，又激起了老师更高的期望和更大的热情。

这种循环不断重复，学生的学习成绩也就在不断向着老师期望的方向变化，并最终变成了老师所期望的样子。

这就是罗森塔尔效应，一种不易觉察却又力量巨大的效应。

对于罗森塔尔效应，测谎师同样有着十分深刻的认识。原因在于，在测谎实践之中，罗森塔尔效应是影响测谎结果准确性的一种重要效应。

对于测谎师来说，罗森塔尔效应有时其实是一个隐藏的陷阱。无论是刚刚涉足测谎的年轻测谎师，还是经验老到的资深测谎师，如果稍有不慎，都有可能掉入这个危险的陷阱之中。

某地发生一起命案，被害人在与歹徒搏斗的过程中，被一把锐器刺入大腿。歹徒逃离现场，被害人最终因为失血过多死亡。

很快，一名犯罪嫌疑人被抓获归案。但这名嫌疑人坚称自己对这件事情一无所知，真凶另有其人。

为了帮助确认这名嫌疑人究竟是不是真正的作案人，案件承办人委托测谎师对其进行测谎。

其中一套测谎题目是这样的：

作案人扎了被害人的什么部位，你知道吗？

作案人是扎了被害人的脖子吗？

作案人是扎了被害人的胸部吗？

作案人是扎了被害人的后背吗？

作案人是扎了被害人的大腿吗？（目标问题）

作案人是扎了被害人的腹部吗？

作案人是扎了被害人的胳膊吗？

……

测谎师之所以要编制这样一套测谎题目，原因在于，本案的作案人只扎了一刀，并且这一刀的力度极大，几乎穿透了被害人的大腿。鉴于此，本案的作案人对于被害人被扎伤的具体部位，很可能会保留有相对清晰的犯罪心理痕迹。

因此，如果这名被测人是真正的作案人，那么他在对“作案人是扎了被害人的大腿吗”回答“不知道”时，生理指标应当会出现显著的异常反应。

在正式测谎阶段，测谎师的提问和被测人的回答如下。

问：作案人扎了被害人的什么部位，你知道吗？

答：不知道。

问：作案人是扎了被害人的脖子吗？

答：不知道。

问：作案人是扎了被害人的胸部吗？

答：不知道

问：作案人是扎了被害人的后背吗？

答：不知道。

……

此时测谎师意识到，真正的作案人在回答接下来的这个问题时，会出现生理指标的异常反应。

于是，测谎师接着向被测人发问：

“作案人是扎了被害人的大腿吗？”

关于该名被测人是否真正的作案人，如果测谎师在先前的测谎过程中，依据已经获得的信息形成了一定的内心预判和主观期望，那么这是否会对测谎师产生一些微妙的影响？

比如，在向被测人发问“作案人是扎了被害人的大腿吗”时，测谎师语调的高低有没有变化？测谎师发问的速度有没有变化？测谎师目光的方向有没有变化？

测谎师这些细微的变化，又是否会对被测人的反应产生不恰当的影响？

就像那些盯着马前掌的观察者，那些相信名单上的孩子必成大器的老师。

这是我虚构的一个例子。在测谎实践中，测谎结果绝非单凭一套问题就可以判定，最终的测谎结论需要测谎师通过逻辑上相互印证、情节上环环相扣的一系列问题，来进行系统的评估和验证。

但我在这里虚构这样一个例子，其实就是为了强调一点：

对于测谎师来说，一定要对罗森塔尔效应保持高度警惕。否则，就很可能在不知不觉之中掉入陷阱。

回到实验心理学中。

罗森塔尔效应是心理学实验误差的一个重要来源，而测谎在本质上是一个心理学实验。那么，实验心理学是如何来控制和消除罗森塔尔效应产生的实验误差的呢？

简单来说，在实验心理学中，罗森塔尔效应所产生的实验误差主要是通过**“双盲设计”**来进行控制和消除的。

所谓“双盲设计”是指，不仅仅实验中的被试本人不知道，就连实验中的主试也不知道该名被试究竟是被分到了实验组，还是被分到了对照组。

这样的设计可以有效避免主试因为对实验结果的主观期望，而对被试施加不恰当的影响。

那么，依照“双盲设计”的思路，测谎师在实践中又该如何消除罗森塔尔效应所带来的误差呢？

国外一些研究中提到过这样一种方法：题目编制阶段和测前谈话阶段，由一名对本案案情了解透彻的测谎师负责。这样做的目的是确保测谎方向的针对性和测谎题目的周全性。而在正式测谎阶段，由另一名对本案详细情形并不知晓的测谎师对被测人进行正式发问，并对被测人生理指标的变化情况进行记录。

具体到我虚构的这个例子中，在正式测谎阶段，对这名被测人进行正式发问的测谎师，本人应当也不清楚作案人究竟扎了被害人身体的什么部位。既然测谎师本人都不清楚被害人被扎的部位，自然也就不会对被测人的反应结果出现明显的“主试期望”，这在很大程度上能够消除罗森塔尔效应对测谎结果产生的不利影响。

应当说，这种消除误差的思路是有道理的，也符合实验心理学的设计。但是，在真正的测谎实践中，在正式测谎阶段由另一名对本案情形并不知晓的测谎师对被测人进行发问，固然可以在很大程度上消除罗森塔尔效应产生的误差，但有时又有可能会带来其他的测试误差。

比如，测前谈话结束后，在正式测谎阶段更换测谎师，被测人的心理状态可能会发生微妙变化。

这也是需要引起测谎师关注的。

但无论如何，测谎师必须对罗森塔尔效应给予充分的重视，否则可能会在不知不觉之中，掉进这个隐藏的陷阱。

病理性说谎：伤人十九刀

谎言有千万种，但无论是哪种谎言，它们的出现都有着相应的目的。

在与客户洽谈合作时，你告诉他，现在已经有好几家公司主动要与你进行合作。而事实上，根本就没有其他公司提出过想要与你合作。

你说谎，是因为你想通过谎言来获取经济利益。

你的朋友向你询问，他穿的这件西服是否好看。你觉得这件西服的颜色太过老气，但你依然告诉他，你觉得很好看。

你说谎，是因为你想通过谎言来维持人际关系。

你因为涉嫌参与一起案件，被公安机关采取了强制措施。在办案人员对你进行讯问时，你一口咬定自己是无辜的。而事实上，你就是这起案件的主要参与者。

你说谎，是因为你想通过谎言来逃避法律惩罚。

然而，对于一些人来说，他们编造谎言，似乎没有任何明显的目的。在某种程度上，他们甚至无法控制自己的说谎行为。

这其实是一种心理疾病，我们称之为**“病理性说谎”**。

既然是“病理性说谎”，也就表示，这是一种非正常的说谎行为。所谓“病理性说谎”是指：

说谎者虽然没有记忆方面的明显缺陷，但仍不可抑制地进行说谎，并通过这种欺骗行为来达到内心的一种满足。

在这里，我们需要将“病理性说谎”与另外两个重要的概念进行区别。

先来看一下“病理性说谎”与“经常性说谎”的区别。

我们身边或多或少都会存在这样的人：他们信口开河，喜欢夸张，他们口中讲出的十句话中，也许只有一句话是真的。

这种说谎行为，是“经常性说谎”。

但“经常性说谎”与“病理性说谎”并不一样。二者最大的区别在于，“经常性说谎”者可以控制自己的说谎行为；换句话说，在特定的情境中，他们是可以让自己不说谎的。但是，“病理性说谎”者的说谎行为是不受自己控制的；换句话说，无论何时何地，他们都要说谎。

再来看一下“病理性说谎”与“妄想”的区别。

我们知道，“妄想”是一种不理性的、与现实不符的信念，但个体对其坚信不疑。比如，一些精神疾病患者会坚信自己与某种神秘的力量存在某些关联，会坚信身边有人一直试图谋害自己，会坚信有人正在控制自己的大脑和思维。即使对他们进行耐心的劝说，仍然无法改变他们对这些信念的坚信不疑。

但“病理性说谎”不是这样。具体来说，如果“病理性说谎”者的谎言被揭穿，那么他们能够认识到自己所说的是不真实的，并且可能会承认自己确实说了谎。

“病理性说谎”者常常通过谎言，将自己编造成高学历、高智商和高能力的精英人才。不仅如此，他们还常常会编造出一些非常神奇的个人经历，如自己曾经身患绝症，或自己曾经开创过令人震惊的宏伟事业。而在陈述这些经历的过程中，他们的思路是清晰的、表述是有条理的，就连情绪和情感也是正常的。

有时，一些不明真相的倾听者会完全相信他们所编造的谎言。但是，如果倾听者在事后进行多方面的信息收集与核实，也应当能够很容易地发现，他们所陈述的那些经历其实根本都是不存在的。

在司法实践中，无论是测谎师还是办案人员，都可能遇到“病理性说谎”者。而“病理性说谎”者的出现，有时可能会给事实的厘清带来不小的麻烦。

下面我举一个例子，以帮助读者对“病理性说谎”有一个更加直观的认识。

需要强调的是，“病理性说谎”在疾病的诊断和分类方面仍然存在一些争议。但接下来我要介绍的这名被测人，确实在许多方面表现出了“病理性说谎”的一些典型症状。

一名女子随身携带的手机不慎被盗，办案人员很快锁定了被盗手机的具体位置。而当办案人员找到这部手机时，发现一名男子正拿着这部手机在听音乐。

人赃并获，看来这名男子就是偷手机的人。

但男子到案后辩称，自己在公园散步时，注意到公园的一条小路边有一个黑色的东西。他走过去定睛一看，发现是一部手机。他当时喊了半天“是谁丢的手机”，但没有人应答。他觉得，这应该是一部被人丢弃的手机，于是捡起来就回家了。回到家后，他仔细检查了手机，发现手机的功能并没有损坏，于是就用它听起了音乐。

为了进一步弄清事实真相，在排除了精神疾病因素后，测谎师与这名男子进行了下面这段对话。

问：在开始之前，需要先记录一下你的个人信息。

答：好的。

问：姓名？

答：×××。

问：年龄？

答：30岁。

问：学历？

答：大学本科。

问：大学本科？

答：嗯。

测谎师之所以会对学历表示疑问，是因为其在先前查阅卷宗的过程中注意到，这名男子的学历水平应当为高中。

问：你大学是在哪儿读的？

答：××大学。

这名男子所说的这所大学，是国内一所知名高校。

问：是不错的学校。

答：还好吧，就那么回事儿。

问：你读大学期间，学的是什么专业？

答：学的是国际贸易。其实没劲，挺枯燥的。

问：学院里的老师，都还记得吗？

答：毕业好多年了，基本记不得了。

问：毕业后，你都做过些什么？

答：做了很多事情，太多了。

问：那就跟我说说，刚毕业那会儿你做什么了？

答：我去一家公司做推销员。

问：你是学国际贸易专业的，怎么选择去做推销员了？

答：因为我觉得我学的专业一点也没有挑战性，我想做更有挑战性的工作，所以就去做推销员了。

问：那后来你干得怎么样？

答：还可以吧，后来我做到了总监，就辞职了。

问：你说你做到了总监，是吗？

答：是的。

问：你入职多长时间，做到了总监？

答：三个月吧。

问：三个月，做到了总监？

答：是啊。

问：为什么提升得这么快？

答：怎么说呢，我个人觉得，一是我毕业的学校还不错，二是我能力过硬，再加上我脑子转得快，所以领导比较赏识我。

问：嗯。

答：不过对我来说，这并不算啥，后来我从这家公司辞职了。

问：哦？你都做到总监了，怎么又辞职了？

答：没什么，我的心很大，我有更高的追求。

问：那后来呢？

答：后来，我就去××局上班了。

问：为什么要去××局上班？

答：因为不想再去公司干了，家里人也劝我，想让我找一份安稳的工作。

问：你答应了吗？

答：我答应了，后来我就去××局上班了。

问：嗯，我都听明白了。其实我也很想去相信你所说的，但是根据我掌握的情况来看，你刚才跟我讲的，恐怕不是真的。你身边的很多人都可以证明，你不是从××大学毕业的，你没有做过推销员，也没有去××局上过班。

答：（愣了一下）哦，那可能是我记错了。

问：也就是说，你刚才说的那些，不是真的？

答：我应该记错了。

问：好，我们继续。

答：嗯。

问：你有过犯罪前科或是违法记录吗？

答：没有。其实我伤过人，但是没有追究我。

问：什么时候的事情？

答：应该是我读中学那几年的事吧，我把一个人捅了。

问：那个人是谁？

答：村里一个同龄的。

问：怎么捅的？

答：就是拿那种折叠刀捅的。

问：为什么捅人家？

答：没为什么，就是当时互相闹着玩吧。

问：严重吗？

答：我捅了他有十九刀，我记得应该是。

问：十九刀？你能确定吗？

答：嗯。

问：人怎么样了？

答：没怎么样。

问：这件事后来怎么处理的？

答：后来，没处理。

问：你捅了别人十九刀，没有追究你的责任吗？

答：（笑）因为在我们老家那儿，我挺出名的。我是一个很仗义的人，所以周围的人也都听说过我，很佩服我。后来，被我捅的那个人就说这事儿算了，就当跟我交个朋友，所以也就没人追究我。

……

相信读者也已经猜到，该男子后面的陈述，其实也都是假的。

回过头来，我们重新分析一下该男子的谎言。

第一，我们很难发现，该男子编造这些谎言究竟是出于什么目的。

换句话说，这些谎言究竟能给他带来什么好处？

比如，该男子编造自己是名牌大学毕业，编造自己曾在一家公司担任总监，编造自己在 × × 局上班。但是，从逃避法律惩罚的角度来看，这些谎言并不能为其提供任何帮助。

甚至，该男子还编造出自己曾经捅伤别人十九刀的经历。这对他来说，不仅是无益的，反而让其陷入了极其危险的境地。

所以，从这个角度来说，该男子所编造的谎言与大多数人所编造的谎言并不相同。

第二，在编造谎言时，该男子的表现十分轻松自然，没有暴露出任何反常与破绽。

该男子编造谎言的方式，其实是最为困难的一种方式，那就是完全虚构了自己的身份、工作和个人经历，即“虚构式谎言”。

“虚构式谎言”是十分耗费个体认知资源的一种谎言，并且极易引发个体强烈的内心冲突。但出乎意料的是，该男子在编造谎言的过程中，完全没有表现出任何的紧张焦虑，也没有暴露出任何的谎言破绽。他在编造谎言时的感觉，更像是在叙述一件再小不过的生活琐事。

第三，该男子十分陶醉于编造的谎言，并在编造谎言的过程中体验到了强烈的内心满足感。这也是测谎师在与其进行对话过程中的一种强烈的感受。

比如，该男子在虚构自己的学历时，十分得意地表示，自己感觉学校其实非常一般，而自己所学的专业也很枯燥无聊。

比如，该男子在解释自己为何能够在很短时间内做到总监时，将原因归结为自己的学校不错、能力过硬，并且脑子很灵活。

再比如，该男子在解释自己为何捅伤别人十九刀而没有被追究责任时，称自己的名声很大、为人很仗义，对方为了能够跟自己交个朋友就没有追究。

我们可以看到，在该男子编造的这些谎言中，他变成了一个能力不凡、经历奇妙、与众不同的人。正因如此，该男子在自己的谎言中得到了极大的内心满足，也就不足为怪了。

第四，当谎言被戳穿后，该男子能够承认自己的谎言。

具体来说，当该男子被明确告知，他的学习经历、工作经历甚至犯罪经历都是不存在的之后，他能够承认自己所说的是谎话，并解释称可能是自己记错了。

换句话说，该男子其实是能够辨别真实与幻想的。这也进一步证明，其之所以会编造出这些谎言，并非因为患有妄想症。

第五，在对话过程中，该男子无法控制自己停止说谎。

事实上，在与该男子进行对话的过程中，测谎师曾经多次告知其不要在这些事情上说谎，因为测谎师已经对他的基本情况进行了充分的调查，有了全面的掌握。所以，如果他在这些事情上的说法与事实明显不符，对他来说是没有任何益处的。

但即便测谎师已经向该男子进行了明确的告知，甚至在其说谎后，直接指出其陈述与事实明显不符，却依然无法阻止其继续在后面的事情上进行说谎。

这或许是因为，他根本无法控制自己的说谎行为。

最后，我们还是回到测谎实践中。

通过测前谈话，如果测谎师发现被测人可能存在“病理性说谎”，那么一定要以谨慎的态度来考虑是否对其进行测谎。

这是因为，存在“病理性说谎”的被测人，其认知功能有时会受到一定程度的影响，在情绪情感方面也很可能会存在一定的缺陷。

比如，罪恶感和恐惧感是与说谎密切相关的两种负面情绪，但对于“病理性说谎”的被测人来说，他们在编造谎言的过程中可能并不会体验到强烈的罪恶感和恐惧情绪。因此，最终的测谎结果可能会出现偏差。

记忆修订："细思恐极"的"真实"

每个人的记忆，总会不可避免地出现一部分的缺失。

比如，你能够记得下午的会议都有谁参加，但可能记不清究竟有哪些人中途离开。

比如，你能够记得刚才一名男子抢走了你身边女孩的挎包，但可能记不清那个男子手中究竟有没有拿工具。

当记忆中的一部分出现缺失时，我们会怎么做?

心理学的研究表明，对于记忆中出现缺失的部分，我们通常会借助外部信息、逻辑推理或是主观猜想来对其进行构建和填充。

这就是记忆修订，也被称为"记忆的构建加工"。

在记忆修订的过程中，虚假记忆往往会以一种不易察觉的方式，形成并出现于我们的记忆之中。

在一个心理学实验中，研究者安排参加实验的被试观看一组照片，其中一些照片描绘了这样一个场景：一名妇女正在超市里购物，她面前的地上乱七八糟地散落着一些橘子。

几天之后，研究者要求被试再看一遍这些照片。但是，在这些照片中，研究者偷偷地加入了一张新的照片。这张新照片描绘的是"妇女从一堆摆好的橘子下面往外拿一个橘子"的场景。

这张照片在之前并没有给被试呈现过，但多数被试认为，自己曾经见过这张照片。

如此多的被试误认为这张照片曾经出现过，其实是有其内在原因的。我们在回忆的过程中，实际上已经通过逻辑推理和主观猜测的方式，对自身的记忆进行了修订。而在这个过程中，虚假记忆出现了。

具体到这项研究中，被试在看过那些描绘一名妇女面前的地上散落着橘子的照片后，内心会对该场景出现的原因进行推理和猜测。

被试可能会进行这样的推理：

“从场景来看，这名妇女应该是在一个超市里，她的周围没有其他人。那么，为什么这些橘子会散落在地上？”

然后，被试进行了合理的猜测：

“之所以橘子会散落在地上，很可能是这名妇女当时正在挑选橘子，在往外拿橘子的过程中，不小心弄倒了台子上堆放好的橘子，这才导致许多橘子滚落到了地面上。”

也正因如此，当实验者呈现那张“妇女从一堆摆好的橘子下面往外拿一个橘子”的新照片时，才会有如此多的被试认为自己曾经见过这张照片。

心理学家表达了这样一个重要的观点：

“当人们目击到一个突发事件时，通常会不由自主地去思考事件发生的原因。而这些对原因进行的思考，最终可能会变成人们真实的记忆。”

具体到这一实验中，当被试看到橘子散落这一突发事件时，会对出现这一事件的原因进行思考，推测是妇女在挑选橘子时碰倒了成堆的橘子，并最终将这种对原因的推测转化成“真实的”记忆。

但问题在于，被试根本没有看到是这名妇女弄倒了成堆的橘子。散落在地上的橘子，可能跟她没有任何关系。

如果真的是这样，那么这名妇女就可能会被冤枉。

这是作为“旁观者”目击一些突发事件时产生虚假记忆的例子。如果这些事件是发生在我们自己身上，我们又是否会产生虚假记忆呢？

为了弄清楚这一问题，在错误记忆的研究领域，心理学家使用

Kassin–Kiechel研究范式（也被简称为“K–K范式”），针对下面这一问题进行了研究：

“人们对自己行为的记忆，是否也会出现虚假记忆？”

研究者要求参加实验的被试把他们听到的单词在计算机上打出来。但在实验开始前，研究者严肃地告诫这些被试：“在打字过程中，千万不能触碰键盘上的‘ALT’键。否则，程序将会出现严重的问题。”

然后，被试按照研究者的安排，开始在计算机上打字。

一段时间之后，计算机突然发出了爆炸声（当然，这其实是实验设计的一部分）。

此时，研究者十分遗憾地告诉被试：“在刚才打字的过程中，你应当是碰到了‘ALT’键，导致程序出现了问题。”

并且，对于其中一半的被试，研究者告诉他们：“刚才有其他人也看到你确实按了‘ALT’键。”

这一实验的研究结果发现：

参加实验的许多被试，在根本没有触碰“ALT”键的情况下，竟然承认了自己确实按过“ALT”键。并且，当被试被告知，有人曾经看到他按过“ALT”键时，他将更可能承认自己确实做过这件事，并且感到很内疚。

而更加让人“细思恐极”的是：

这些根本没有按过“ALT”键的被试，最后竟然虚构出了自己在按“ALT”键时的一些细节。

如果是在司法情境之中，这样的虚假记忆会造成多么严重的后果，恐怕是很难想象的。

以命起誓：我把命给你！

下面，是我在办理一起测谎案件的过程中，与一名被测人的对话。

我：那个账户被更换，你事先知道吗？

被测人：账户被更换的事儿，我事先真的不知道。我可以对天发誓，如果我跟您说假话了，那我今天走出这个房间，就让雷劈死我。如果我对您有任何隐瞒，就让我这张嘴烂掉。

……

被测人所发的这一通毒誓，听起来不禁让人倒吸一口凉气。

但对于测谎师来说，这实在是司空见惯。

在我办理测谎案件的过程中，遇到过类似的毒誓，还有下面这样的：

"你知道的，我有两个孩子，如果我今天有一句谎话，哪怕就一句，那就让我的两个孩子出门的时候让车……"

这种毒誓，就连家人的生命安全都不顾及了。

类似的还有这样：

"您一定要相信我说的。如果我今天在这儿跟您说了假话，举头三尺有神明，神明在上面看着呢。"

"每个人都是有良心的，心是红的，不应该是黑的。如果我今天跟您说谎了，那我就把心挖出来给您，因为它已经是黑的了，它不能用了！"

"我要是说假话，我把命给你！"

然然而，事实情况是：

尽管被测人发了各种各样的毒誓，但他们的的确确说了假话。

随着办理测谎案件数量的增加和经验的丰富，测谎师会更加理性地看待说谎者的毒誓。

从本质上来看，这些毒誓只是被测人为了能够让测谎师相信自己所说，抛出的一些看似具有说服性的理由。

即使被测人以命起誓，也只能说明，他极度希望测谎师相信他所说的内容。

但这并不能说明，他所说的就一定是实话。

鉴于此，即使被测人抛出一些令人毛骨悚然的毒誓，测谎师也绝不能轻信其陈述的真实性。测谎师仍然应当秉持客观中立的态度，通过系统完整的测谎来最终明确被测人的陈述究竟是真是假。

除了形形色色的毒誓之外，测谎师还会遇到的一种常见情形，就是“哭”。

一起案件，在测前谈话阶段，测谎师与被测人进行了下面这段对话。

测谎师：毕竟，你自己也清楚，你们几个人在这件事情上的说法不一样。几个人可以有几种说法，但是事实只有一种。对吗？

被测人：这是他们合起伙来陷害我。都是他们做的，他们拉我跟他们一起，我没答应，现在他们把责任全都推到我的身上。

测谎师：如果是这样，那么对你来说，最好的选择就是通过今天的测谎来把这件事情彻底弄清楚。

被测人：我是被冤枉的啊！（眼圈一红）

测谎师：来，先控制一下情绪。

被测人：（哭）我为公司兢兢业业奉献二十年了……

被测人说到此处，双手捂住脸开始抽泣。

应当说，被测人此时的哭泣是一种感情的真实流露，并非单纯的逢场作戏。但对该名被测人的测谎结果最终显示：他说谎了。

当我们看到一个人哭泣时，自然而然地会对其产生同情，这是再正常不过的事情。但测谎师必须明白一点，那就是：

哭泣，并不代表个体的陈述是真实的。

哭泣的原因有很多种。

并非仅仅委屈等情绪可以诱发个体的哭泣，恐惧、内疚、焦虑等情绪，同样可以诱发个体的哭泣。

比如，本案中被测人的哭泣，可能是因为他遭受诬陷，内心感到十分委屈，进而哭泣。但是，被测人的哭泣，也可能是因为他预感到自己的谎言将要被拆穿，是强烈的恐惧诱发的。

同样，被测人的哭泣，也可能是因为他在编造谎言的过程中，内心体验到了强烈的内疚感。

精神病患者陈述：未必不可信

测谎实践中，如果被测人存在精神方面的疾病，那么测谎师会拒绝对其进行测谎。

之所以这样做，主要还是出于谨慎。

毕竟，如果被测人存在精神方面的疾病，那么其正常的认知能力和情绪情感很可能会有明显的损害。

比如，一名存在精神疾病的被测人称，自己一直都能听到有另一个人在跟自己说话。而事实上，根本就没有人在跟他说话。

换句话说，他出现了**“幻听”**。

再比如，一名存在精神疾病的被测人称，有人往自己的饭菜里投毒，并且每天都在跟踪自己。而事实上，根本就没有人要谋害他。

换句话说，他出现了**“被害妄想”**。

在这两个例子中，被测人在一定程度上已经丧失了分辨现实和虚幻的能力。既然连现实和虚幻都已经分辨不清，又如何能够准确地分辨真话和谎言？

可以想象，此时如果对其进行测谎，那么测谎结果的准确性必然会大打折扣。

鉴于此，测谎师通常会拒绝对存在精神疾病的被测人进行测谎。

但是，我们也不应武断地认为，存在精神疾病的案件当事人所作出的所有陈述，都是绝对不可信的。

为了说明这一点，我来举一个例子。

在这起案件中，被害人自身存在精神疾病，并向办案人员陈述了自己遭受非法侵害的详细过程。而通过对几名案件当事人的测谎，测谎师最终明确：这名被害人的陈述与事实是相符的。

换句话说，在这起案件中，尽管被害人自身存在精神疾病，但他陈述的内容其实是可信的。

当然，我在这里必须说明的一点是，测谎师并未直接对这名存在精神疾病的被害人进行测谎，而是通过对其他案件当事人的测谎，从另外的角度证明了这名被害人陈述的真实性。

这是一起强迫劳动案件。

一名好心人意外发现一名男子倒在路边。这名好心人见该男子身上有许多伤痕，便上前询问其是否需要帮助，但该男子含含糊糊回答不清。于是，这名好心人打电话报了警。

办案人员通过多方面的努力，终于联系到了该男子的一个亲戚。

从该男子的亲戚口中，办案人员得知，大约在一年以前，该男子由于受到自身精神疾病的影响，突然一个人离家出走，从此杳无音讯。

那么，为何在时隔一年之后，他会突然一个人满身伤痕地出现在路边？在这一年的时间里，他又经历了些什么？

于是，办案人员耐心地对该男子进行了询问。

虽然过程有些艰辛，但最终该男子还是断断续续说出了自己这一年来的遭遇。

该名男子，也就是本案的被害人陈述，一年前自己离开家后，就一直漫无目的地游荡。某天，当他走到一处田地时，迎面开过来一辆车，在他面前停了下来，紧接着从车上下来了两名男子。其中一名男子跟被害人聊了几句，然后问被害人愿不愿意去他们那里干活儿，他们管吃管住，还给被害人发工资。

被害人想了想，就答应了。

于是，被害人上了这两名男子的车，并跟随他们来到了一处养殖场。从那天起，被害人就在这处养殖场干活儿，一干就是一年。但是，在这一年的时间里，这两名男子并没有给过被害人一分钱的工资。

更重要的是，按照被害人的陈述，在这一年的时间里，两名男子不让被害人回家。并且，平日里被害人如果活儿干得不好，还常常会挨两名男子的打。

被害人实在忍受不了，想要逃跑，但没有成功。

这种情况一直持续到几天以前。那天，两名男子出去办事，被害人趁此机会终于逃出了养殖场。但被害人并不认得路，于是就这么迷迷糊糊、漫无目的地走着，直到有一天倒在了路边。幸运的是他被好心人及时发现，这才捡回一条命。

依据被害人的陈述，办案人员很快控制了养殖场的两名男子。

这两名男子，也就是本案的两名嫌疑人到案后，承认他们确实曾经招募过被害人到养殖场干活儿。但是，两名嫌疑人坚称，他们对被害人一直很好，平时吃和住都与被害人在一起，他们吃同样的饭菜，住同样的屋子。他们从未限制过被害人的自由，更没有打过被害人。至于被害人的工资，两名嫌疑人一致称，是被害人主动要求他们帮其暂时保管的。

除此以外，两名嫌疑人还向办案人员表示，被害人身上的伤，可能是被害人在离开养殖场这几天的时间里造成的，并非他们所为。

办案人员于是向养殖场周围的几户人家了解情况，得到的反馈是，具体的情况他们并不了解，但他们没有亲眼看见两名嫌疑人打过被害人。

毕竟，本案的被害人自身存在精神疾病，那么他的陈述究竟可信吗？

为了帮助明确本案中的被害人是否真的遭受了非法侵害，案件承办人将本案委托到了测谎实验室。

测谎师在对案情进行了深入细致的分析后，决定不对本案的被害人进行测谎，而是对本案的两名嫌疑人分别进行测谎。

正式测谎的结果表明，这两名嫌疑人都说了假话。

事实上，这两名嫌疑人确实非法剥夺了被害人的人身自由，并且对被害人实施了殴打。而被害人身上的伤，也正是这两名嫌疑人造成的。

对这两名嫌疑人的测谎结果，从相反的角度证明了：被害人的陈述，是与事实相符的。

实践中，有的案件当事人即使存在精神方面的疾病，但其陈述依然是与事实相符的。其中一个原因就在于，精神疾病事实上又可以细分为许多类型，而精神疾病的不同类型、病情的轻重程度、是否处于发作期等，都会直接影响到案件当事人陈述的准确性。

鉴于此，我们一方面要尽量避免对存在精神疾病的被测人进行测谎，另一方面也不应武断地否定其陈述的可信性。

记忆痕迹细分：要义痕迹与字面痕迹

在测谎师看来，记忆痕迹无疑是一个十分重要的概念。事实上，按照认知心理学中模糊痕迹理论的观点，记忆痕迹又可以被细分为要义记忆痕迹与字面记忆痕迹。

从心理语言学的角度来看，要义记忆痕迹是指对意义和模式的保留，即针对的是一段经历或事件意义的记忆痕迹；而字面记忆痕迹是指对原始输入信息逐字逐句的保留，即针对的是具体文字细节的记忆痕迹。

举个例子。

现在请读者来回忆一下，高中时班里同学们的性别分布情况。大多数读者回忆起的内容应当是“男生比女生多”“女生比男生多”“男女比例差不多”，只有较少人会回忆起“男生数量为27人，女生数量为31人”这样具体的内容。

事实上，在将同学们的性别分布情况表征为“男生比女生多”时，我们是在进行要义记忆痕迹的提取，而在将同学们的性别分布情况表征为“男生数量为27人，女生数量为31人”时，我们其实是在进行字面记忆痕迹的提取。

模糊痕迹理论将我们的记忆痕迹细分为要义记忆痕迹与字面记忆痕迹，对两种记忆痕迹在编码、存储和提取方面的特征进行了分别阐述，并在此基础上尝试解释虚假记忆的成因。

首先，模糊痕迹理论认为，要义记忆痕迹与字面记忆痕迹的编码和存储过程是平行进行的。

具体来说，就是个体对要义记忆痕迹与字面记忆痕迹的编码和存储是同时进行的，两种痕迹在大脑中相互独立存在。

举个例子。

当一名案件当事人经历某一具体情景时，会对该情景中的人物、对话等原始信息进行编码和存储。同时，该名案件当事人会对该情景的意义进行解读，并进行编码和存储。对该名案件当事人来说，对这两部分记忆痕迹的处理是同步平行进行的。

其次，模糊痕迹理论认为，要义记忆痕迹与字面记忆痕迹的提取是相互独立的。

简单来说，就是个体对要义记忆痕迹和字面记忆痕迹是分开进行单独回忆的。有时，个体会较为容易地提取到要义记忆痕迹，却无法有效地提取到字面记忆痕迹；有时，个体会较为容易地提取到字面记忆痕迹，却会在提取要义记忆痕迹时遭遇困难。

举个例子。

问：案发当天晚上，你见过嫌疑人吗？

答：嗯，我见过。

问：你在哪儿见到的他？

答：在哪儿见到的他……我记不清了。

在这个例子中，被询问者很容易地提取到要义记忆痕迹，回忆起自己于案发当晚曾经见过嫌疑人。但他在提取字面记忆痕迹，回忆自己在哪里见到嫌疑人时，出现了困难。

再举个例子。

问：这段时间你见过嫌疑人吗？

答：两个月前见过一次。

问：在哪里见的面？

答：在他公司旁边的那家咖啡馆见的面，我记得他当时接了好几个电话，好像有什么急事，中途还出去过一趟，我都以为他不会回来了。

问：你当时是因为什么事跟他见的面？

答：让我想想……真不好意思，我记不起来了。

在这个例子中，被询问者很容易地提取到字面记忆痕迹，回忆起自己与嫌疑人见面时的具体情景。但被询问者在提取要义记忆痕迹时遭遇了困难，他始终无法回忆起自己究竟为什么会去与嫌疑人见面。

如果说，个体对这两种记忆痕迹的提取真的是分别独立进行的，那么这两种记忆痕迹在很大程度上或许还能保持各自的真实性和准确性。但事实上，两种记忆痕迹之间往往会相互结合，而虚假记忆也正是在这个过程中逐渐形成的。

具体来说，要义记忆痕迹的一个典型特征是内容不精确性，因此极易诱发个体对某一事件、某一情景、某一人物的熟悉感。鉴于此，当个体存在清晰的要义记忆痕迹，却缺乏生动的字面记忆痕迹时，将极有可能因为要义记忆痕迹强烈的“似曾相识”之感，而将其作为回忆线索，从而诱发虚假的字面记忆痕迹。

举个例子。

一起案件中，甲向办案人员表示，乙曾经亲口承认欠自己钱款未还。办案人员于是询问甲，乙是在什么时候承认的这件事情。

甲在对记忆痕迹进行提取的过程中，对于乙曾经承认过这件事情有着清晰的要义记忆痕迹。鉴于此，甲将其作为回忆线索，想到乙曾经在一次家庭聚会上，当着其他几位亲戚的面亲口承认过这件事情的具体情景。但事实上，乙是在某次与甲通电话的过程中，亲口承认的这件事情。

此时清晰的要义记忆痕迹，诱发了虚假的字面记忆痕迹。

而字面记忆痕迹的一个典型特征是内容清晰生动，因此会使个体对某一事件、某一情景、某一人物生出强烈的亲历感。鉴于此，当个体存在准确的字面记忆痕迹，却缺乏清晰的要义记忆痕迹时，将极有可能因为字面记忆痕迹强烈的“栩栩如生”之感，而将其作为回忆线索，从而诱发虚假的要义记忆痕迹。

再举个例子。

一起案件中，办案人员向甲核实，某次外出活动，乙是否与甲一同前往。

甲在对记忆痕迹进行提取的过程中，生动地回忆起自己在参加那次活动时，因为一件红色的外套和黄色的拉杆箱而引来其他人调侃的具体情景。由于这部分字面记忆痕迹具有强烈的“栩栩如生”之感，因此，甲将其作为回忆线索，想到既然当时的黄色拉杆箱是乙的，那么乙应当是陪自己一起参加了那次活动，乙当时也应该在场。但事实上，乙并未与甲一起参加该次活动，乙只是在当时把自己的拉杆箱借给了甲使用。

此时生动的字面记忆痕迹，诱发了虚假的要义记忆痕迹。

逻辑漏洞：正面质疑的慎用

当发现说谎者的陈述中存在明显的逻辑漏洞时，你会怎么做？

我们来看下面两段对话。

问：你说你当时看到他和他的妻子在店铺门口吵架？

答：是的。

问：你说谎，你之前明明已经说过，你到那里的时候并没有见到他的妻子。

答：哦，我口误了。

……

问：当时，你们几个为什么要把车停在那个位置？

答：是白哥让我停在那里的。

问：你说谎，其他人都说了，是你执意要把车停在那个位置的。

答：我真是记不清了，你还是去问他们吧。

……

通过上面两段对话，我们会发现：在察觉到说谎者的陈述中存在明显的逻辑漏洞时，如果发问者在第一时间就向说谎者提出直接的正面质疑，那么说谎者很可能会借助其他理由，来轻松回避发问者的质疑。

“可能是我记错了。”

“我记不清了，你以我之前所说的为准吧。”

……

此时，谈话就可能陷入僵局。

鉴于此，在发现谎言的逻辑漏洞后，如果发问者在第一时间对说谎者进行直接的正面质疑，反而可能会引发说谎者进一步的辩解和否认，而非如实承认自己的谎言。

那么，我们应该如何处理呢？

举个例子。

一名男子到派出所报案，称自己新买的汽车前一天晚上被盗。在锁定了被盗汽车的准确位置后，办案人员成功将嫌疑人抓获。

嫌疑人到案后，承认这件事情是自己所为。

嫌疑人供述，案发当晚他开车回家，当经过被害人停车的地方时，他发现这个地方位置偏僻，无人留意，就起了歪心思。于是他下了车，走到被害人的车前。四下环顾无人后，他掏出随身携带的工具，撬开了汽车的车门，并用工具发动了汽车。

然后，嫌疑人将被害人的汽车开到了另一处偏僻位置，并离开了现场，想等到第二天确认安全之后再来把车开走。然而，第二天当他再次来到这里时，就被办案人员抓了个正着。

尽管嫌疑人看似如实承认了犯罪事实，但发问者在与嫌疑人对话的过程中，敏锐地觉察到嫌疑人的供述中存在明显的逻辑漏洞，并由此引发了进一步的怀疑。

但是，发问者并没有直接对嫌疑人进行正面质疑，而是与嫌疑人进行了下面这段对话。

问：你当时是要去哪里？

答：我在回家路上，准备回家。

问：谁开的车？

答：我开的车。

问：车里有几个人？

答：就我一个人。

问：还有别人吗？

答：没有，就我自己。

问：你对路线熟悉吗？

答：熟悉。

问：你是在哪里见到（被害人的）那辆车的？

答：是在××村的那个篮球场对面。

问：然后呢？

答：我就下车了。我看那辆车停的位置很偏，没有路灯，看牌子还是一辆外地车。所以我就想到把这辆车开走，找个地方藏起来，然后再找机会把它开走卖了。

问：你是怎么把车开走的？

答：我身上带着工具，先把门撬开，然后把车发动起来，就开走了。

问：当时你身边有其他人吗？

答：没有。

问：然后呢？

答：然后，我就把这辆车开走了。

问：你把这辆车停到了哪里？

答：停到了 ×× 厂附近的那条路边。

问：为什么要把车停在那里？

答：也没什么具体原因，我开着那辆车经过那里时，发现停着很多外地车，我觉得相对比较安全，就把车停在那里了。

问：你把车停在那里以后，你自己的车还在篮球场停着，怎么办？

答：对，后来我又回去了。

问：当时大约几点钟了？

答：后半夜了。

问：那个地方，后半夜路上还有车吗？

答：没有车了，那个地方偏僻得很。

问：那你是怎么回到那个篮球场的？

答：走回去的。

问：那个时候，天气够冷的。

答：是啊，一路把我冻得够呛。

问：你走回那个篮球场之后又做了什么？

答：我就把我自己的车开走了。

问：开去哪里了？

答：我开着我自己的车回家了。

问：也就是说，你开车回家经过篮球场的时候，看到了被害人的那辆车，你就偷偷地把那辆车开走了。你把被害人的车开到××厂附近的那条路边，停好以后又走回了篮球场那里，然后开着你自己的车回家了。是这样吗？

答：是的。

问：你说的这些，都记清楚了吗？

答：记清楚了。

问：接下来我问你，从篮球场到××厂那条路之间的距离，开车需要半个小时，如果是步行的话，至少需要三个小时。在那个时间，你是怎么走回篮球场，去开自己的车的？

答：（沉默）

问：我希望你如实回答我。当时究竟还有谁跟你在一起？

答：……我的一个老乡。

在上面这段对话中，嫌疑人谎称是自己一个人将被害人的车辆开走，之后又回到自己车辆停放的位置，把自己的车开回了家。但是由于两个停车地点之间的距离很远，很难采用步行的方式到达，因此发问者敏锐地觉察到，这名嫌疑人应当有同伙。

事实上，本案是嫌疑人驾车搭载同伙实施犯罪。在发现了被害人的车辆后，嫌疑人撬开车门并发动了车辆，然后由嫌疑人驾驶被害人的车辆、同伙驾驶嫌疑人的车辆，两辆车一起驶离现场。等两辆车到达××厂附近时，嫌疑人将被害人的车停放在一处偏僻位置，然后坐上由同伙驾驶的自己的车辆，两人一起离开现场。

换句话说，嫌疑人根本就没有再回去过那个篮球场。

发问者敏锐地发现了嫌疑人供述中存在的逻辑漏洞，但没有贸然地直接对嫌疑人进行正面质疑。相反，发问者认真地与嫌疑人针对每一个细节进行逐个核实与确认，引导嫌疑人一一给出了明确的回答。

而在核实的过程中，嫌疑人供述中存在的逻辑漏洞开始慢慢显露出来。最后，当发问者对嫌疑人质疑他是怎么回到篮球场的这个关键问题时，嫌疑人已经没有任何借口能够进行回避或辩解。

最后，他只能如实承认了自己的谎言。

这一方法在司法实践中应用广泛。比如，《交叉询问的艺术》一书中就提到，林肯在做律师时，曾经在一起案件的庭审过程中使用了这种方法，巧妙地拆穿了证人的谎言。

一名证人目击了盖瑞森在野营布道会射杀被害人的过程。林肯作为盖瑞森的辩护律师，在法庭上对这名关键证人进行了询问。

林肯首先询问证人，案发当时证人与盖瑞森之间的距离。

证人回答，距离有20尺或更远。

接下来，林肯向证人询问案发的具体地点。

证人回答，是在榉树林里。

林肯询问证人，当时树上的叶子是否相当密实。

证人回答，是相当密实。

林肯继续询问证人，能否看到被告开枪射击，能否看到枪管。

证人回答，能够看到。

林肯接着询问证人，案发地点距离布道会场地有多远，灯光又在哪里。

证人回答，有3/4里远，灯光在牧师讲台上。

林肯又问证人，是否看到盖瑞森和被害人曾携带烛火一类的东西。

证人回答，没有。

林肯继续询问证人，他究竟是如何看到枪击事件的。

证人回答，自己是借着月光看到的。

最后，林肯向证人进行确认：证人于晚上10点在榉树林里看到枪击，位置离灯光3/4里远。证人当时距离盖瑞森20尺远，他借着月光，看到了手枪的枪管，并且看到了盖瑞森开枪。

证人做出了肯定回答。

询问结束，林肯从口袋中拿出一本天文历，缓慢地念出了其中一段话：

案发当晚是看不见月亮的，月亮直到次日凌晨1点才出现。

于是，证人的谎言被揭穿。

在这个例子中，林肯在发现证人的证言中存在明显的逻辑漏洞之后，并没有马上进行正面质疑。相反，他通过一步步的询问，巧妙地引导这名证人对案件中的重要情节一一给出了明确回答，于是证言中存在的逻辑漏洞也就慢慢地暴露了出来。

最后，林肯向法庭明确指出了证人的证言中存在的逻辑漏洞。此时证人已经没有任何理由或借口来进行辩解，最终只能如实承认自己说了谎。

嵌入式谎言：复杂谎言的诞生

说谎，是一件很费脑子的事情。

所以，对于说谎者来说，如果能撒一个简单的谎，就决不会自讨苦吃地去编造一个复杂的谎言。

比如，你丈夫的一位同事打电话到家里。你接起电话，对方在电话里说，想找你丈夫谈点事情。

你看了一眼你的丈夫，只见他用力地摆了摆手，示意不想与这位同事交谈。

你马上领会了丈夫的意思。接下来你需要做的，是向丈夫的同事撒一个谎。关于如何撒这个谎，你可以有以下几种选择。

你可以这样说：

“他不在家，等他回来再联系你吧。”

你也可以这样说：

“公司那边今天早晨有急事，安排他去出差了，最近都不在家。”

你还可以这样说：

“他前阵子生病了，这段时间一直都在医院，等过阵子你再联系他吧。”

你可以用无数种方式来撒这个谎。但是，你应当会更加偏爱那些简单的谎言。

毕竟，每一个说过谎的人都应当有这样的体会：说谎者必须牢牢记住自己编造的谎言的具体内容。

这种“牢记”，不仅包含谎言的框架内容，更要包含谎言的细节内容。

正因如此，如果说谎者所编造的谎言过于复杂，那么将极有可能造成说谎者的认知负荷过重，从而暴露出谎言的破绽。

在司法情境之中，对于说谎者来说，要想牢记谎言的细节内容，其实是一件极其困难的事情。

鉴于此，在司法实践当中，发问者往往会对案件当事人进行多次询问或讯问，并针对案件中的大量细节对案件当事人进行反复核实。

发问者相信，如果案件当事人陈述的是谎言，那么在反复询问和细节询问的过程中，当事人所编造的谎言就会出现破绽。

有时，这种破绽表现为**“细节缺失”**。

这具体表现为：发问者向说谎者询问案件中的某一细节，但说谎者在编造谎言的过程中，根本没有考虑到这个细节的存在。因此，当说谎者被问及这一细节的相关内容时，无法在短时间内对其进行周全设计，从而暴露出破绽。

“他当时是仰躺在地上，还是趴在地上？”

“他手里的棍子，是从什么地方捡起来的？”

……

有时，这种破绽表现为**“逻辑矛盾”**。

这具体表现为：尽管说谎者在编造谎言的过程中绞尽脑汁，努力确保自己的谎言不出现逻辑上的矛盾，但是发问者敏锐地觉察到了其中的逻辑矛盾。此时，说谎者很难在短时间内灵光一现，对其做出合理的解释，从而暴露出破绽。

“既然他当时去找地方停车了，那他是怎么知道你跟那几个人打起来的？”

“他把你打倒在地，你爬起来以后为什么不找他，而是直接朝他后面那个人冲过去了？”

……

有时，这种破绽表现为**“陈述变迁”**。

这具体表现为：说谎者在编造谎言的过程中，对于案件中一些具体细节的编造经过了深思熟虑。但是，在发问者多次发问的过程中，说谎者有时会忘记自己在先前的陈述中是如何对某个具体细节进行描述的。此时，说谎者的前后陈述之间会出现明显的不一致，从而暴露出破绽。

“在这个情节上，你的说法为什么和之前说的不一样？”

“你还记得你上次是怎么说的吗？”

……

有时，这种破绽表现为**“情节造假”**。

这具体表现为：说谎者向发问者陈述自己所编造的谎言，并在发问者的仔细追问之下，对一些具体的情节进行了编造。然而，当发问者针对说谎者所编造的情节进行调查核实后，发现说谎者所编造的情节根本不存在，从而暴露出破绽。

“你说事情发生后，你第一时间给你们村支书打了电话，为什么从调取的通话记录中没有找到？”

“你说这件事情你曾经分别跟你们办公室的另外三个人提过，为什么他们三个都证明，你从来没有跟他们讲过这件事情？”

……

鉴于此，说谎者总是会偏爱那些更加简单、有更少细节的谎言。对于他们来说，这样的谎言更加轻松，也更少出现纰漏。

但不可否认的是，在测谎实践中，有些说谎者会选择反向而行，刻意去编造一些复杂的谎言。

一部分原因在于，许多说谎者坚信，如果一个谎言所包含的内容足够复杂、细节足够丰富，那么会更容易使人相信。

但尽管如此，编造一套内容复杂、细节丰富的谎言，对于说谎者来说又确实是一件非常吃力的事情。鉴于此，许多说谎者会巧妙地使用“嵌入式谎言”，来进行复杂谎言的编造。

所谓“嵌入式谎言”，是指说谎者在一段真实的经历中改变一些重要的细节，从而将谎言以一种不易觉察的方式嵌入真话之中。

下面我构思了一个例子，来解释这种“嵌入式谎言”的编造方式。

一起强奸案件。被害人陈述，自己是一家餐馆的服务员，在一次工作过程中认识了一名男子，之后两人通过聊天软件进行联系。

案发当晚，嫌疑人约被害人一起吃夜宵。吃完夜宵后，嫌疑人提出要开车送被害人回家，被害人答应了。但是，嫌疑人并未将被害人送回家，而是带被害人来到了自己租住的一处平房。

被害人陈述，自己当时发现了不对劲，于是要求嫌疑人送她回家。

但嫌疑人表示，希望能跟她进屋聊聊。她下车想要离开，却被嫌疑人拽回车内，嫌疑人企图在车内对其实施强奸。她奋力反抗后挣脱，成功跑下了车，却被嫌疑人追上，并将其拽进房屋内。最后，嫌疑人在屋内对她实施了侵害。

然而，嫌疑人到案后却始终坚称，被害人自始至终都很清楚自己约她出来的目的，自己与被害人在屋内是自愿发生关系的。至于在车内企图对被害人实施强奸的情节，则完全是被害人杜撰出来的。

为了进一步明确双方的陈述究竟谁真谁假，案件承办人将本案委托至测谎实验室。

以下为测谎师与被害人的部分对话。

测谎师：当时你对他（嫌疑人）明确表示过，你想离开那儿吗？

被测人：是的。

测谎师：他同意了吗？

被测人：没有。

测谎师：你怎么做的？

被测人：我看他没有要送我回去的意思，就下了车，往路边走。

测谎师：他怎么做的？

被测人：他也下了车，从后面追了上来，把我往车里拽，我就反抗。他的车就在旁边，他把我拽到他的车那儿，打开车门，把我推上了车。

测谎师：你继续说。

被测人：我详细说一下当时的过程。当时，他把我拽到他的车旁边，一只手拉开右后方的车门，要把我推进去。我用力推他，但还是没推开。他把我推上车后，自己也一下子钻进车里。然后，他两只胳膊就过来抱我，一边抱我还一边亲我的脖子。我想推开他，他身子直接就压在我身上了。他右手就伸到我的腰那里，开始往上掀我的衣服。我就对他说别这样，但是他继续用力掀我的衣服。不过，因为我衣服的样式，里面是一体的，都是连在一起的，所以他掀了半天，也没能把我上身的衣服掀起来。他另一只手就又开始向下拽我的裙子，我于是使劲儿抓住我的裙子，不让他往下拽。我俩就这么僵持了一会儿，我就喊了一声“车外面有人，正看着呢”，他当时一愣，就回头去看。我趁他挪动了一下位置，就用膝盖用力顶了他肚子一下，他往后一仰，后脑勺就磕到座位上方的安全把手上了。他就龇牙咧嘴地用手捂着后脑勺叫。我趁这机会打开了另一侧的车门，就是左后方的那个车门，然后从车上跑了下去。

……

被害人对这一情节的陈述，可以说是相当细致和有条理。

比如，被害人描述自己用腿顶了嫌疑人的肚子，嫌疑人的后脑勺磕到座位上方的安全把手，嫌疑人龇牙咧嘴捂着后脑勺叫，这些细节会让读者觉得被害人应该是亲身经历过这些。

但事实上，被害人的这段陈述其实是编造的。换句话说，案发当时，嫌疑人并没有把被害人拽上车，也没有在车内企图对被害人实施强奸行为。

那么，我们不禁会产生这样一个疑问：

如果说谎者想要凭空编造出一段情节，那么完全可以编造一段内容更简单、细节更少的谎言。但这名被害人所编造的，是一段内容复杂、细节丰富的谎言。这种编造谎言的方式是有些反常的。毕竟，内容越复杂、细节越丰富，编造者所承担的认知负荷就越大，谎言就越可能露出破绽。

事实上，这名说谎者之所以会选择编造如此复杂的一段谎言，是因为这确实是她的一段真实经历，并非虚构而来。

从这个层面上来讲，说谎者并非在虚构一段情节，而是在回忆一段经历。只不过，说谎者将这段经历中的两个关键细节进行了“移花接木”。具体来说，这段经历并非发生在那一天，而是发生在之前的某一天。试图对她实施侵害的人，也并非本案的嫌疑人，而是另外一个人。

在这个例子中，说谎者通过巧妙的“嵌入式谎言”，将案发当时的两个重要细节进行了改变。通过这种方法，说谎者不必承担沉重的认知负荷，不必斟酌陈述内容是否存在逻辑矛盾，也不必担心自己的谎言会暴露出明显的破绽。

因为她的这段经历，本身是真实的。

经验主义错误：一把双刃剑

谎言的形成机制和表现形式均存在一定的内在规律。鉴于此，大量的谎言在许多方面常常会表现出令人惊讶的高度相似性。

随着办理测谎案件的数量越来越多，测谎师也会慢慢地遇到许多极其相似的谎言。

对于测谎师来说，这应当是有益的，因为这无疑会丰富测谎师的实践经验，帮助测谎师更好地对各类谎言的本质特征和具体表现进行把握，从而更加精准、迅速地对谎言进行识别。

但对于测谎师来说，有一点需要引起注意：

经验固然十分重要，但经验主义错误可能导致测谎结果出现错误。

换句话说，经验是一把双刃剑。

我曾参与办理过这样一起测谎案件。被害人开办公司，急需取得某项资质。嫌疑人向被害人谎称自己有门路，可以帮助被害人的公司办理该项资质。被害人信以为真，于是请嫌疑人帮忙从中运作。

第二天，被害人找到了嫌疑人，亲手把一个装有现金的信封交给了他，并嘱咐他尽快帮自己办好此事。

一段时间后，被害人找到嫌疑人询问情况。嫌疑人称最近手头上的事情比较多，让被害人再等几天。被害人前前后后又催促嫌疑人多次，嫌疑人依然以各种理由拖延。

某日，被害人意外遇见了嫌疑人。被害人当即上前拽住嫌疑人询问公司资质办理的情况，嫌疑人依然称事情很快就会办成，让被害人再等等。被害人表示自己已经不再相信嫌疑人，要求嫌疑人把当初的钱退还给自己。

嫌疑人表示，自己现在并没有钱，如果被害人不相信自己，自己愿意当场给被害人写一张欠条。

被害人思索了一会儿，答应了。于是，嫌疑人当场给被害人写了一张欠条。

从那以后，嫌疑人便再也没了踪影。由于始终联系不到嫌疑人，被害人最终选择了报案。

很快，嫌疑人被抓获归案，并因涉嫌诈骗而被刑事拘留。

然而，嫌疑人到案后却始终坚称，这只是一起普通的民间借贷，自己向被害人借钱是为了买房，自己从来没有虚构过有能力办理公司资质，更没有骗取过被害人的钱财。

但在有力的证据面前，嫌疑人最终不得不承认，自己确实向被害人虚构过自己有关系可以帮其办理公司资质。事实上，他根本没有能力办成这件事情。而从被害人那里骗来的钱，也已经被他挥霍一空。

本以为嫌疑人如实承认了自己虚构事实骗取被害人钱财的犯罪事实，案件接下来的办理会更加顺利。但在被问到具体的诈骗数额时，嫌疑人却答道：

“两万元。”

这个回答有些出乎案件承办人的预料，因为依据被害人的陈述，他给嫌疑人的那个信封里装了四万元现金。

在嫌疑人给被害人所写的欠条上，注明的欠款金额同样是四万元钱。但嫌疑人辩解道：

“我真的只拿了他两万块钱。之所以在欠条上写了四万块钱，是他让我写的。我当时也没想那么多，他说写多少，我就写了多少。”

为了进一步明确本案的诈骗数额，案件承办人将本案送到了测谎实验室。

最终的测谎结果清晰地表明：嫌疑人从被害人那里骗取的数额应当是四万元钱。

换句话说，嫌疑人说谎了。

本案的嫌疑人在接受问话之初，出于侥幸心理，拒不承认自己实施的违法犯罪行为，并谎称自己与被害人之间只是普通的民间借贷关系。然而客观证据的出现使得嫌疑人意识到自己的谎言已被识破，于是承认实施了诈骗行为。但嫌疑人转而谎称犯罪数额并非四万元，而是两万元。当测谎师通过测谎明确了真正的诈骗数额后，嫌疑人终于如实交代了自己的全部罪行。

就在办理这起测谎案件之后不久，我们又接手了另一起诈骗案件的测谎。

巧合的是，在前后办理的这两起案件中，嫌疑人供述的变化过程十分相似，辩解的具体内容也是如出一辙。

这起案件的被害人，是一名小额贷款公司的老板。

某日，嫌疑人来到被害人经营的小额贷款公司，提出要向被害人贷款四十万元。被害人询问嫌疑人贷款的具体用途，嫌疑人称要给员工发工资，一旦自己的资金链周转恢复正常，可以立刻还钱。

在初步审核了嫌疑人的个人信息后，被害人担心出现坏账，依然犹豫是否要放款给嫌疑人。

于是，嫌疑人从身上掏出了房产证，称愿意用自己的房子作为抵押，并表示可以把房产证等重要物品押在被害人这里。

考虑到有房子作抵押，被害人于是最终答应放款给嫌疑人。

被害人陈述，二人当即在被害人的办公室签订了一份四十万元的贷款合同。随后，被害人就把四十万元钱贷给了嫌疑人。

贷款到期后，被害人开始向嫌疑人催要贷款。刚开始的几个月，嫌疑人每个月基本能保持正常还款，但慢慢就停止了还款，最后竟失联了。

被害人感到事情不妙，赶紧把嫌疑人当时所抵押房产的房产证等材料拿了出来，到房管部门进行核实。

核实的结果令被害人大惊。原来，嫌疑人交给被害人的房产证等材料全部是伪造的。

被害人赶忙报了警。很快，嫌疑人被抓获归案。

与先前那起测谎案件一样，本案的嫌疑人在到案之初，也坚称自己并未通过虚构事实与伪造房产证的方式骗取被害人的财物，这只是一起普通的借贷纠纷。但在客观证据面前，嫌疑人最终承认了自己的诈骗事实。

然而在具体的诈骗数额上，嫌疑人一直辩称，自己从被害人那里贷到的钱是二十万元，并非四十万元。

办案人员于是对被害人公司的财务人员进行取证，希望能借助他们的证言帮助厘清事实。但公司的财务人员表示，被害人这家小额贷款公司的各种财务制度形同虚设，公司的事情完全由被害人一人做主，他们也不清楚被害人究竟贷给了嫌疑人多少钱。

鉴于此，案件承办人委托测谎师对本案的嫌疑人进行测谎，以帮助进一步明确真正的诈骗数额。

以下为测谎师与被测人在测前谈话阶段的部分对话。

测谎师：你们之间签过贷款合同吗?

被测人：签过。

测谎师：是什么时候签的?

被测人：我去他公司的时候。

测谎师：具体是在哪里签的?

被测人：在他办公室。

测谎师：你一共跟他签过几份贷款合同?

被测人：就一份。

测谎师：你当时跟他贷了多少钱？

被测人：二十万元。

测谎师：合同上写的贷款金额是多少钱？

被测人：应该是四十万元。

测谎师：既然是贷二十万元，为什么合同上要写四十万元？

被测人：是他让我写的。我当时也没想那么多，他说写多少，我就写了多少。

……

这名被测人的辩解，与前一起案件中被测人的辩解几乎一字不差。测谎师紧接着与这名被测人进行下面的对话。

测谎师：你是什么时候拿到的钱？

被测人：当时就拿到了。

测谎师：他是以什么形式给你钱的？

被测人：现金。

测谎师：全部都是现金吗？

被测人：是的。

测谎师：多少现金？

被测人：二十万元。

测谎师：他还通过其他形式给过你钱吗？

被测人：没有。

测谎师：他是从哪里给你取的现金？

被测人：从他办公室的一个保险柜里面给我取的。

……

接下来，测谎师对这名被测人进行了正式测谎。测谎结果表明，被测人的陈述是真实的。

换句话说，他确实只从被害人那里拿到了二十万元钱。

为了进一步确保测谎结果的准确性，测谎师接下来又对本案的被害人进行了测谎。

对被害人的测谎结果显示：被害人所说为假，他实际只给了嫌疑人二十万元钱。

至此，两名案件当事人的测谎结果之间形成了相互印证。

贷款二十万元，却签四十万元的合同。这种情形的出现，一个重要的原因就在于，贷款人往往是在穷尽其他途径已经无法筹措到钱款的情况下，才会选择向小额贷款公司进行贷款。鉴于此，即使小额贷款公司在签订合同时提出十分苛刻和显失公平的条件，贷款人由于本身急需用钱，也往往会答应小额贷款公司所提出的条件。

比如，按照本案嫌疑人的说法，自己在向小额贷款公司贷款时被告知，之所以出借二十万元，却需要签四十万元的合同，是因为这有可能会是一笔坏账。如果到时他无法偿还债务，那么多出来的二十万元就是贷款公司聘请律师和进行诉讼的费用。

回过头来，我们重新比较一下这两起测谎案件。

应当说，在这两起测谎案件中，嫌疑人的辩解无论从变化过程上还是辩解内容上，都是高度相似的。但从结果来看，这两起案件的测谎结果是截然相反的。

这提醒测谎师：

一方面，经验固然重要，测谎师需要经验的积累，来提高自己对谎言的甄别能力；但另一方面，无论先前是否办理过类似的测谎案件、遇到过类似的具体情形、面对过类似的陈述或辩解，测谎师都应当保持高度审慎的态度，避免出现经验主义错误。

两个疏漏：诈骗类案件的特殊性

与其他类型的案件相比，诈骗类案件确实存在一些特殊之处。鉴于此，在针对诈骗类案件进行测谎的过程中，测谎师会尤其谨慎，以避免出现疏漏。

举个例子。

一起案件，被害人报案称，自己被一名男子以承办××××工程项目为由，骗取了巨额的工程投资款。

这名被害人长期从事工程承包业务，在一次商业活动中与一名男子（以下称为嫌疑人甲）曾经有过一面之交。后来，当被害人与嫌疑人甲在另一场合再次见面时，嫌疑人甲主动向被害人提出，自己手里现在有一个××××工程项目，在这个大工程项目下面，有许多个小标段。如果被害人有足够的资金，嫌疑人甲可以与项目的总负责人沟通，将其中的一个标段分包给被害人来做。

被害人基于多年做工程的经验，意识到这是一笔稳赚不赔的好买卖，再加上被害人之前数次在重要场合见过嫌疑人甲，对嫌疑人甲的背景也是深信不疑。于是，被害人表示愿意。

嫌疑人甲随即催促被害人，称现在已经有很多人来找过自己，如果被害人确实想接下这个标段，必须抓紧签署合同，并尽快把钱汇到指定账号。

被害人于是依照嫌疑人甲的吩咐，与嫌疑人甲安排的负责人员签订了合同，并很快将钱汇入了嫌疑人甲指定的账户。

然而接下来，这个项目的事情就石沉大海了。

一方面，被害人心里十分着急，想要询问嫌疑人甲有关工程的进度；但另一方面，被害人又担心自己如果急着催促，会惹恼了这位“财神爷”。于是，被害人在焦急中等待了一天又一天。

最终，被害人熬不住了，开始主动联系嫌疑人甲。直到此时，被害人才惊讶地发现，嫌疑人甲的办公室早已人去楼空，而嫌疑人甲本人也失联了。

被害人目瞪口呆。在冷静下来之后，被害人慢慢回想了整个事情的来龙去脉，并重新翻出先前签订的合同仔细查看，终于发现自己应该是被人骗了，于是马上报了案。

办案人员根据被害人提供的线索，成功将嫌疑人甲抓获。

然而，嫌疑人甲到案后，却坚称自己也是受害者，他也被另一个人骗了，他根本不知道这个××××工程项目是假的。

那么，嫌疑人甲口中的“另一个人”究竟是谁？

嫌疑人甲供述，自己之前也是做工程的，但由于缺乏经验和财力，一直没有成功。后来通过家里亲戚的关系，他认识了一个人。从亲戚的口中，嫌疑人甲得知，这个人是一个非常了不起的“大人物”。

一次，那位“大人物”叫嫌疑人甲出来吃饭。席间，“大人物”向他出示了自己的工作证件。嫌疑人甲感到震惊之余，对这位“大人物”的身份也是深信不疑。

某日，嫌疑人甲突然接到了“大人物”的电话，请他去一趟办公室。嫌疑人甲于是很快赶到了“大人物”的办公室。

在办公室里，那位“大人物”告诉嫌疑人甲，自己现在是一个大项目××××工程的总负责人，这个项目由其全权负责，并且从抽屉里拿出了一份××××工程项目的文件，交给嫌疑人甲查看。

嫌疑人甲称，他接过这份文件后，看到文件上加盖的红章，更加深信不疑。

随后，那位“大人物”告诉嫌疑人甲，自己想让他来负责联系工程队进行施工。嫌疑人甲于是很高兴地答应了，随后就开始积极地联系施工队，安排施工队与那位“大人物”见面签订合同，并按照那位“大人物”的意思，要求施工队将款项打到指定的账户。

嫌疑人甲表示，自己始终对那位“大人物”的身份和××××工程项目的真实性深信不疑，根本没有怀疑过这其实是一个巨大的骗局。直到这个骗局被拆穿，自己才知道这位“大人物”的身份是假冒的，而所谓的××××工程也根本不存在。

很快，嫌疑人甲口中的那位“大人物”也被办案人员成功抓获。

经过核实，所谓的“大人物”（以下称为嫌疑人乙），其实只是一个无业的社会闲散人员。

但嫌疑人乙到案后坚称，整个骗局完全是由嫌疑人甲主导的，自己只不过是协助嫌疑人甲逢场作戏、完成骗局而已。

嫌疑人乙供述，自己一直以来没有固定工作，也没有稳定的收入。一次偶然的机会，他认识了嫌疑人甲，两人互留了对方的联系方式。

某日，他接到嫌疑人甲的电话，称有个发财的机会，想跟他一起赚钱。两人见面后，嫌疑人甲拿出一份写着××××工程的文件交给他，并告诉他，他们可以一起用这个项目来跟施工队要钱。

嫌疑人乙看了一下这份文件，然后询问嫌疑人甲，这个工程项目是不是真的。

嫌疑人甲答道："工程项目是假的，把钱搞到手就行了。"并且，嫌疑人甲只需要嫌疑人乙扮演一位"大人物"的角色，来配合自己对施工队进行诈骗。

嫌疑人乙考虑了一会儿，还是答应了，于是也参与到嫌疑人甲设计的这场骗局之中。

通过对两名犯罪嫌疑人的供述进行比较分析，我们可以简单总结如下：

嫌疑人甲辩称，自己被嫌疑人乙欺骗，始终不知道嫌疑人乙的身份是伪造的，也不知道整个工程是一个骗局；嫌疑人乙辩称，整个骗局完全是由嫌疑人甲设计，也是由嫌疑人甲进行具体操作，自己只是协助嫌疑人甲进行诈骗而已。

那么，在这起诈骗案中，究竟谁才是真正的主谋？

为了弄清这一问题，测谎师可以选取大量的案件情节进行测谎。

比如，那份纸质的项目文件，究竟是嫌疑人甲提供的，还是嫌疑人乙提供的。

比如，有一份合同中的错别字曾经引起过被害人的怀疑，那么这份合同中的错别字后来究竟是嫌疑人甲还是嫌疑人乙进行修改的。

……

通过对这些案件情节进行提取和分解，进而编制相应的测谎题目，测谎师自然可以帮助明确这起诈骗案的主谋到底是谁。

但在这一部分，我想要强调的，是诈骗类测谎案件中容易出现的两个纰漏。

先来说第一个容易出现的纰漏。

具体到这起诈骗案中，可以借助下面这一问题对两名嫌疑人分别进行测谎，以明确究竟谁在主导这场骗局：

“用××××工程来骗钱，是你想出来的吗？”

这个问题简单直接。毫无疑问，嫌疑人甲和嫌疑人乙在这一问题上都会回答“不是”。

如果测谎结果显示，甲在这一问题上的回答为“诚实”，而乙在这一问题上的回答为“说谎”，那么可以明确这个骗局确实是乙想出来的。

相反，如果测谎结果显示，甲在这一问题上的回答为“说谎”，而乙在这一问题上的回答为“诚实”，那么也可以明确这个骗局其实是甲想出来的。

但这中间存在着一个疏漏。

在我所参与办理的诈骗类测谎案件中，很多诈骗者所设计的骗局并非基于凭空想象，或是突发奇想。事实上，诈骗者往往会依据一些已有的脚本来设计骗局，或干脆就地取材。特别是本案为一起工程领域的诈骗案，整个骗局中涉及大量工程领域的专业知识和操作细节。鉴于此，本案中无论是嫌疑人甲还是嫌疑人乙，都很难独立、完整地设计出这样一套复杂的骗局，而又不被有经验的被害人发现破绽。

换句话说，即使整个骗局真的是嫌疑人甲一手操控，也可能并非由嫌疑人甲构想出来的。

一种可能的情况是，这个以××××工程为幌子的骗局，在嫌疑人甲的老家十分流行。有的诈骗分子通过这个骗局，已经成功骗取了大量受害者的钱财。嫌疑人甲首先从一个老乡那里打听到这个骗局的详细过程，从网上搜索了这个骗局的具体信息，了解了整个骗局的运作过程，并下载了一些官方文件，然后对其中的一些信息进行了简单的修改，接下来就开始寻找同伙，共同运作这一骗局。

这种情况在诈骗类案件中并不少见。

所以，假设真的是嫌疑人甲一手操控了整个骗局，但在对嫌疑人甲发问“用××××工程来骗钱，是你想出来的吗”时，测谎结果仍然可能显示为“诚实”。

再来说第二个容易出现的纰漏。

具体到本案中，按照嫌疑人乙的说法，当嫌疑人甲将那份所谓的“官方文件”交给嫌疑人乙查看时，嫌疑人乙曾经问过嫌疑人甲，那个工程项目是不是真的。当时，嫌疑人甲明确告诉了嫌疑人乙，工程项目是假的，就是为了先搞些钱。

基于这一点，我们会想到，在对嫌疑人甲进行测谎的过程中，可以使用这样一道测谎题目：

“当时，你告诉过他（嫌疑人乙）项目是假的吗？”

对于这一问题，嫌疑人甲必然会进行否定回答。如果对这一问题的测谎结果显示为假，那么将进一步明确，嫌疑人甲确实是这场骗局的主导者。

但在使用这道题目进行测谎时，仍然存在着一个问题。而这个问题的出现，同样是由诈骗类案件的特殊性质所决定的。

具体来说，在诈骗类案件中的共犯之间，往往存在着一种“心照不宣”。

比如，即使骗子内心非常清楚，这就是一个彻头彻尾的骗局，他也并不会向他的同伙直接点破。即使骗子并没有直接点破，同伙也能够敏锐地觉察到他的真实意图，并同样以另一种“不点破”的方式进行回应。

具体到本案中，尽管嫌疑人乙曾经供述，当自己问嫌疑人甲那个项目是不是真的时，嫌疑人甲明确地告诉自己，项目是假的。但这只是嫌疑人乙在事后经过“加工”的说法，事实上嫌疑人甲可能根本没有告诉过嫌疑人乙，这其实是一个骗局。

真实的情况可能是如下这样。

嫌疑人甲将那份所谓的“官方文件”递给嫌疑人乙，并告诉嫌疑人乙：

“现在这个项目很赚钱，你帮忙看一下，这份文件是真的吗？”

嫌疑人甲并没有直接告诉嫌疑人乙，这其实是一个彻头彻尾的骗局。但是嫌疑人乙已经明白了嫌疑人甲的真实意图，其实就是想询问自己是否愿意与他合伙用这个项目作为幌子骗钱。

于是嫌疑人乙答道：

“我认为文件应该是真的，项目也是真的。”

嫌疑人乙的这一回答，其实就是告诉嫌疑人甲，自己愿意入伙，与他一起实施诈骗。

我们会发现，在两名嫌疑人对话的过程中，嫌疑人甲始终没有向嫌疑人乙提及这是一场骗局，嫌疑人乙也始终没有向嫌疑人甲表示自己知道这是一个骗局。

相反，从表面上看，嫌疑人甲和嫌疑人乙似乎都相信这件事情是真实的。但结果却是，通过这段对话，嫌疑人乙明白了这是一个骗局，嫌疑人甲也领会了嫌疑人乙愿意入伙的意图。

鉴于此，如果测谎师在正式测谎的过程中问嫌疑人甲“当时，你告诉他项目是假的了吗”，那么测谎结果将可能会出现偏差。

这些套路也是骗子间的“默契”。

自我辩护：认知失调的角度

我们刚刚讨论了诈骗类案件中骗子间的“心照不宣”。在这一部分，我们把目光放到被骗者身上。

在我所接触过的被骗者中不乏思维敏捷、阅历丰富之人，他们中的一些人甚至还在各自的专业领域内有着很高的造诣。

那么，为什么这样一群聪明、优秀的人会掉入骗子的圈套呢？

甚至，有的被骗者长期陷入骗子的圈套，即使在骗局被揭穿后，仍然不接受自己已经被骗的事实。

在这一部分，我们从心理学中的**“认知失调理论”**出发，对这一问题进行分析。

认知失调理论，是社会心理学领域广为人知的理论之一。所谓认知失调理论，具体是指：

> 个体在通常情况下对于事物的态度，以及态度和行为之间是相互协调一致的。当出现不一致时，就会产生认知不协调的状态，即认知失调。当认知失调出现后，个体为了解除这种紧张状态，就会使用一些方法，力图重新恢复认知的协调。

简单来说，认知失调其实是一种心理上的紧张状态，当我们同时持有两种相互矛盾的思想、态度或信念时，认知失调就出现了。

认知失调的出现，无疑会造成个体心理上的负面体验。鉴于此，个体必然会采取相应的措施，来缓解和消除这种不愉快的感觉。

在心理学的相关教材中，经常会引用一个关于“吸烟”的例子，来说明个体是如何消除认知失调的。

一名吸烟者正在阅读一篇医学报告。这篇医学报告明确指出，目前已有充分的证据证明，吸烟与肺癌和其他呼吸系统疾病之间有着高度的关联性。

此时，这名吸烟者会体验到一种强烈的认知失调。一方面，他喜欢吸烟，并且长期吸烟；另一方面，吸烟会导致癌症和其他疾病，而他又不想过早地死去。

在这种情况下，为了缓解内心的认知失调，这名吸烟者可能会主动采取下列方法。

方法一：改变行为。

具体到这个例子中，这名吸烟者可以干脆选择停止吸烟，这样可以直接摆脱这种认知失调。

但事实上，行为的直接改变往往难度很大。

方法二：改变一种认知成分的内容。

具体到这个例子中，这名吸烟者可以这样劝说自己："我喜欢吸烟，我根本不想戒烟。"

方法三：改变一种认知成分的重要性。

具体到这个例子中，这名吸烟者会劝说自己，与几十年后自己可能得癌症相比，现在吸烟所带来的舒适感觉对自己来说是更重要的。

方法四：增加一种新的认知。

具体到这个例子中，这名吸烟者可以增加一种新的认知。比如，吸烟让我感到放松和愉快，这对我的健康应该是有利的。

每个人在做出重要的决策时，往往会或多或少体验到内心的不协调。毕竟，只要是重要的决策，通常并不存在一个完美的选择，更多的是一个权衡利弊的过程。

比如，你正在考虑买房。经过反复的挑选，你选中了两套房子，思来想去还是没有决定究竟哪一套房子更加合适。原因很简单，因为这两套房子各有利弊，你一时之间难以抉择，于是你开始有针对性地查阅资料，并广泛地听取亲友的意见。

最终，你选择了购买第一套房子。

在做出决定购买第一套房子之前，你权衡利弊的过程是非常理智的。然而，在你做出决定之后，你开始有意识地寻找和关注第一套房子的各种优点，同时有意识地忽略第一套房子存在的各种缺点。

原因在于，在你购买了第一套房子后，你的行为（购买了第一套房子）与你的认知（第一套房子存在一些缺点）之间出现了不协调。而减少这种认知失调的有效方法之一，就是有选择性地寻找和关注第一套房子所存在的优点，并淡化和忽略其缺点。

最后，你终于欣慰地发现，你真的做出了一个十分正确的选择，因为第一套房子确实更值得购买。

在社会心理学领域，这种因为认知失调而引发的现象，有时也被称为**“自我辩护”**。

简单来说，“自我辩护”就是指个体所具有的一种“为自己的选择而进行辩护”的倾向。

比如，你想要了解一款汽车的使用状况究竟如何，那么通过询问一位购买过该汽车的朋友，有时并不一定能得到一个客观准确的建议。

原因同样是因为“自我辩护”的存在。

由于“自我辩护”的存在，车主会有意识地为自己买车的选择进行辩护，从而很难做到对汽车的真实状况进行客观公正的评价。

“自我辩护”本身的力量已经十分强大。而在另外两种情况下，“自我辩护”会展现出更具压倒性的力量。

第一种情况，是**“不可挽回”**的情境。

具体来说，如果个体的决策是“不可挽回”的，那么此时的“自我辩护”就会展现出更加强大的力量。

赛马，是用来研究“不可挽回”情境的选择之一，因为一旦赌马者下注，就不可能再进行改变。心理学研究者曾经针对赌马者的认知进行过深入的研究，并进一步证明了“不可挽回”情境中的“自我辩护”所具有的强大力量。

在一项研究中，心理学研究者找到那些已经做出决定，但是还没有下赌注的赌马者，询问他们有多大把握认为自己准备要下注的马会赢得比赛。由于此时赌马者还没有下注，因此他们的决策还可以挽回。

然后，当这些赌马者走到窗口完成下注后，研究者再次拦住他们，询问他们有多大把握认为自己已经下注的马会赢得比赛。

研究结果表明：

与那些没有下注的人相比，已经下注的人认为自己选择的马会赢的可能性更高。

简言之，如果做出的决定已经无法挽回，那么个体将会更加确信自己的决定是正确的，以维持自身认知的协调。

第二种情况，是**“付出努力”**的情境。

具体来说，如果个体已经为了一件事情或一个目的而付出了极大的努力，那么他会出现更有力度的“自我辩护”。

假设，你来到一家公司应聘，并被这家公司当场看中，获得了直接进入公司工作的机会。

然而，在正式进入公司工作后，你很快发现，公司的办公条件很差，公司同事之间的关系也并不融洽。

由于你并没有付出很多努力就得到了这份工作，所以也就没有体验到极其强烈的认知失调。于是，你很快断定这家公司没有什么发展前途，然后离开了公司。

但假设，你同样到这家公司应聘，但是公司招聘的要求十分严格。为了能够成功进入这家公司工作，你花费了大量的时间和精力进行准备。最终，经过了数轮的笔试、面试，你如愿成为这家公司的一名职员。

同样，在正式到公司上班后，你很快发现，公司的办公条件很差，公司同事之间的关系也并不融洽。

但此时，由于你已经付出了很大的努力，所以你的内心体验到了强烈的认知失调。为了消除这种认知失调，你开始进行“自我辩护”，来使自己确信，自己的选择是正确的。

你可能会这样告诉自己：公司的办公条件不好，是因为公司把主要的精力和财力都投放到了其他更重要的方面，这恰恰说明这是一家非常务实的公司。至于同事间的关系看起来并不融洽，应该是自己还没有融入他们的圈子之中，所以对他们有所误解。

于是，你没有离开，而是决定继续在这家公司工作。

你在这两种情况下所做出的不同选择，清楚地展示了在“付出努力”情境中“自我辩护”所具有的强大力量。

现在，我们将目光重新聚焦到诈骗类案件中的被骗者身上。

很多被骗者在很长一段时间内对骗子的说法深信不疑，甚至在骗局已经被彻底揭穿后，仍不相信自己先前交给骗子的钱款其实早已打了水漂儿。

在一些案件中，尽管被骗者家属已经清清楚楚地向被骗者说明了骗子的行骗手法，但被骗者仍然会固执地认为自己并没有被骗。

甚至，一些被骗者完全不能从被骗经历中吸取教训。相反，他们会一而再，再而三地掉入骗子设计的陷阱之中。

在介绍了“认知失调理论”以及“自我辩护”“不可挽回”情境和“付出努力”情境等概念之后，我们将理论应用于实践，来尝试解释这种现象出现的原因。

被骗者在骗子的花言巧语之下，相信了骗子，然后把钱款打给了骗子。这是被骗者本人经过认真考虑所做出的决定，所以他必然会为自己的这一决定进行“自我辩护”。

换句话说，被骗者会主动去寻找各种信息和证据，以证明自己的决策是正确的。

一方面，被骗者的钱款已经交给了骗子，出现了“不可挽回”的情境。被骗者已经无法改变自己做出的选择，这会进一步导致被骗者无视亲戚好友的劝说，反而固执地坚持自己的选择一定是正确的。

另一方面，被骗者已经投入了巨大的金钱和精力，出现了“付出努力”的情境，这会使得被骗者即使在观察到骗子暴露出的一些反常和破绽之后，依然无法从理智的角度进行分析和判断，从而没有在第一时间识破骗子的真面目。

换句话说，在付出了巨大努力，并且所做出的决定已经不可挽回的情况下，要想使被骗者及时发现并坦然承认自己的决策错误，其实是非常困难的。

此时，在一些被骗者看来，如果他们的内心接受“我被骗子骗了很多钱”，那么为了消除认知失调，他们将不得不承认“我变笨了”或“我是个贪心的人”。而如果被骗者内心始终不能接受“我变笨了”或“我是个贪心的人”，那么为了消除认知失调，他们很可能将另一个认知更改为：“我没有被骗”。

这一点，在一些老年被骗者身上表现得尤为明显。

在发展心理学上，老年期又被称为“丧失期”，老年人的知觉能力、记忆能力和思维能力总体上都在逐渐下降。正因如此，与年轻人相比，老年人对于这种“丧失感”更加敏感。

换句话说，很多老年人会更加在意自己是不是脑袋不好用了，是不是变得愚钝了。

鉴于此，一些老年人在被骗后会体验到强烈的认知失调，由于很难接受“我变笨了”，因此只能改变其他认知，固执地坚持“我没有被骗”。

认识到“自我辩护”在其中所起到的重要作用，我们下面需要来思考这样一个问题：

我们应当怎么做，才能让被骗者真正地认识到骗子所设的圈套，并且以此为鉴，避免再次掉入骗子设计的陷阱之中？

我们不应像下面这样，对被骗者进行说教。

“你看不出来整件事就是个骗局吗？”

“你是不是老糊涂了？”

“以后你的事情，我们来安排。没有我们的同意，你不能自己做主！”

“你要是不贪心，能被骗走这么多钱吗？”

“你不用跟我嘴硬，那么多人怎么就你自己被骗了？”

……

如果以类似这样的方式对被骗者进行说教，将很可能适得其反，导致被骗者在“自我辩护”的泥潭里越陷越深。

比如，被骗者可能会为了证明自己的决策是正确的，为了证明自己并没有变笨，而在今后遭遇类似的骗局时继续坚持先前的做法，从而再次掉入骗子设计的圈套之中。

这种情况并不少见。

心理学家指出，如果想要将被骗者从被骗的边缘拉回来，必须给予他们理解和支持。我们应当鼓励他们讲出当时的想法。比如：

“最开始的时候，你为什么会相信他？”

“他身上的什么特点吸引了你？”

“他做的那件事情让你很感动，是这样吗？”

……

鼓励被骗者讲出自己当时的真实想法，可以最大限度地降低“自我辩护”所带来的负面力量。

最后，我们需要引导被骗者来明白这样一个道理：

“一方面，你是个善良、聪明的人，但善良、聪明的人同样也会犯错误。即使犯了错误，你仍然还是那个善良、聪明的人。另一方面，犯错的是他们（骗子），而不是你。我们要做的，是一起来思考如何补救这个错误，以及如何吸取经验教训，让这种事情不再发生。”

第三章

见招拆招：测谎之应变

对抗情绪：你为什么不相信我?

这天晚上，你像往常一样，到楼下的小公园散步。公园里很安静，只有稀稀疏疏的几个人影。你一边悠闲地走着，一边欣赏着四周的风景。

不远处，一对情侣也在手挽着手散步。

突然，你听到了“啪”的一声。你循着声音传来的方向看过去，发现一个纸杯被丢在了地上。

很明显，这个纸杯是被那对情侣随手丢弃的，纸杯里残留的果汁流了一地。

你皱了皱眉头，心想：这两个年轻人真是没素质。于是，你加快了脚步，追上了那对情侣。

你从后面拍了一下男青年的后背，他转过身看了你一眼，问道：“你干什么？”

你指了指地上的纸杯，问道：“是你扔的吗？”

男青年看了你一眼，答道：“是啊，怎么了？”

你说道：“这是公共场所，不是你家，不能随地乱扔。”

男青年不想在女朋友面前丢了面子，于是提高了声调，说道：“公园是你家吗？你管得着吗？”

你气不打一处来，说道：“你们这些年轻人真是没素质！”

男青年也生气了，瞪大眼睛说道：“你说谁没素质？”

“我说你没素质，怎么了？”你毫不示弱地回答。

男青年恼羞成怒，冷不丁地右拳挥出，朝你的左腹部打了过来，你赶忙伸出双手招架住了他的右胳膊。就在此时，男青年又挥出了左拳，朝你的右腹部打了过来。你招架不及，右腹部连中了三四拳。

你痛得捂住腹部大叫起来。

后来，经过医生的诊断，你的肋骨出现了骨折。

当办案人员向你询问时，你将整个事情的前因后果进行了详细的描述。你明确表示，这样的人只有接受法律的惩罚，才能让他们长长记性。

你以为，这件事情应该这样告一段落了。但几天之后，警察告知你，需要对你进行一次测谎。

你十分不解，赶忙询问原因。原来，关于那天的事情，那对情侣和你的说法竟然完全不一样。

具体来说，那名男子到案后，辩称他根本没有打过你，你就是想要讹诈他；他还说，你的伤很可能是之前就已经形成的。

你顿时火冒三丈，因为你知道，那名男子在说谎。

此时的你，内心会不会冒出这样的想法：

“你们对我测谎，是在怀疑我说了假话吗？”

“你们为什么不相信我？”

……

之所以要在这里举这样一个例子，就是想来说明这样一点：

很多时候，在接受测谎之前，诚实的被测人会对测谎产生一些抵触和对抗情绪。

应当说，这些抵触和对抗情绪的出现是很正常的。被怀疑的滋味，总是不好受的。在许多被测人看来，如果别人相信自己，又为何要让自己接受测谎？

而在测谎实践中，测谎师也已经充分考虑到了这一情况的存在。

在这一部分，我们就通过一个例子，来阐述测谎师是如何消除被测人的抵触与对抗情绪的。

一起案件，嫌疑人和被害人因为停车问题发生了冲突。

被害人的陈述如下：

“当时，他（嫌疑人）手里拿着一根黑色的棍子，就奔我这儿过来了。我一看情况不好，自己要吃亏，于是转身就跑。就在我转身要跑的时候，我感觉到头被人从后面猛打了一下，眼前一黑，然后就没有意识了。等我醒过来的时候，就已经躺在医院了。”

本案的嫌疑人则辩称，自己是被冤枉的，事情的经过完全不是被害人所说的那样。

为了弄清楚案发当时的真实情形究竟是怎样的，案件承办人委托测谎师对本案的嫌疑人进行测谎。

以下是测谎师与这名被测人的部分对话。

测谎师：今天来这里，知道是为了什么吗？

被测人：知道，要对我进行测谎。

测谎师：你之前接触过测谎吗？

被测人：我之前没接触过测谎，但是坦白讲，我不明白你们为什么要对我进行测谎。

测谎师：具体说说看。

被测人：既然安排对我进行测谎，就说明还是怀疑我，还是不相信我说的，那看来我说什么都是白费力气，对吧？我说了，他打的我，我才是受害者，你们为什么只相信他说的？

测谎师：今天安排你来这儿，确实是要对你进行一次测谎。但是在开始之前，我还是需要跟你解释一下，“测谎”实际上只是一种通俗的说法。今天所测查的，其实是你的心理痕迹，所以你可以把这理解为对你的心理痕迹进行一次测查。如果你说的是真话，那么今天的测查实际上就是进一步明确你是诚实的。当然，如果你说的是假话，那么今天的测查其实就是拆穿了你的谎言。你能明白吗？

被测人：我说的确实是真的。我之前已经讲得很明白了，可他们就是不相信我。

测谎师：我也愿意相信你说的，因为我希望你能实事求是地对我陈述。但是，作为测谎师，我们必须保持中立的立场和独立的判断。在今天之前，你也许曾经跟别人描述过那天的详细经过。但无论其他人相信你还是怀疑你，我都会依据今天测试的结果，进行客观独立的判断，而不会被其他人的意见和判断所左右。

被测人：我希望会是这样。

测谎师：现在，你应该能明白为什么要来接受这次测试了。其实很简单，因为在这件事上，你们双方的说法有很多不一样的地方。既然双方的说法存在不一样的地方，那么我们既不能轻易地相信他说的是真的，也不能轻易地相信你说的就是真的。你说对吗?

被测人：是。

测谎师：所以，就需要借助今天的测试，来用一种新的手段和方式对你们的说法进行核实，最终把案发当时的真正情形还原出来。这应该是你和我今天共同的目标吧?

被测人：没错，还原事实，还原真相。我希望您也要给对方进行测谎。

测谎师：我刚才也已跟你讲过，测谎的目的是针对事实真相，并非是针对你，或者针对某个人。毕竟，事情的真相究竟是怎么样的，你们双方的心里都是很清楚的。我相信测试的结果一定能形成相互印证，事实自然会清楚。

被测人：好，我明白了，我愿意接受今天的测试，我希望事实能够被查清。

测谎师：如果你真的做到了实事求是，那么今天的测试一定可以进一步明确你是诚实的。但是，我也必须跟你强调，如果事实并不是你所说的那个样子，而你依然抱着侥幸的心理继续撒谎，那么今天的测谎也一定会彻底拆穿你的谎言，你能明白吗?

被测人：我明白了，我一定实事求是地回答。

测谎师：我们重新梳理一下那天发生的事情。

被测人：好。

……

被测人：我那天出门，看到他把车又停到我家门口了。当时，他打开车门正要走，就看到我了。我感觉他这么做就是故意的，我很生气，我就骂了他几句。然后他也骂我，我俩就吵起来了。

测谎师：然后呢？

被测人：然后他从车里拿出了一根棍子。

测谎师：什么样的棍子？

被测人：一根黑色的棍子，大约这么长（伸出两只手比了一下）。

测谎师：从哪里拿出来的棍子？

被测人：他是打开车左侧的后门，从里面拿出的棍子。他说棍子是我拿的，那是假话，我也跟其他人说过，但是他们一直不愿意相信我说的，认为……

测谎师：（制止）好。我们在梳理那天发生的事情的时候，不用去描述别人对这件事情的观点和看法。你只需要把你所能回忆起的详细情形如实地对我讲就可以了，明白吗？

被测人：嗯，我明白了，那我接着讲……然后，他就拿着棍子朝我过来了。他到了我面前，抡起棍子就往我身上砸，砸到了我的肩膀几下。我伸出左胳膊，一下抓住了他手里的棍子。他就要夺回去，我就使劲抓着不放手。他见我不放手，就用脚踹我，我就伸出右手，猛地往他前胸推了他一把。然后他就踉跄着往后退了两步，"嘭"的一声就摔倒在地上了。与此同时，我就听到"哐当"一声，他手里那根棍子也掉在地上了。

……

重新回看这部分对话，我们来整理一下，测谎师为了消除被测人的抵触和对抗情绪而采取的具体做法。

第一，测谎师帮助被测人正确地看待“测谎”，即将其解释为对心理痕迹的测查。对于说谎者来说是拆穿谎言，对于诚实者来说则是证明清白。

这在很大程度上可以帮助诚实者消除因认为自己不被信任，而对测谎产生的抵触情绪。同时，测谎师的这一做法也会使说谎者认识到，今天的测试就是拆穿其谎言。

第二，测谎师向被测人明确表示，自己始终会保持中立的立场与独立的判断，不会受他人意见的左右。

诚实者在之前的多次陈述中，由于始终不被倾听者所信任，因此一方面对于自己的处境感到焦虑，另一方面也担心测谎师会受到先前其他人意见的影响，从而对自己形成错误的偏见。而测谎师的这一做法，能够使诚实者明白测谎师确实是站在中立的立场，从而有利于消除诚实者内心的顾虑。

但对于说谎者来说，其所编造的谎言在此之前或许已经成功地骗过了许许多多的询问者。而测谎师的这一做法会让他认识到，无论他所编造的谎言在此之前是否得逞，今天测谎师都会重新进行客观独立的评估与判断。

第三，测谎师告知被测人，测谎的目的是针对事实真相，并非针对其本人，或是针对某个人。

对于诚实者来说，测谎师的这一做法会使其明白今天的测谎是“对事不对人”，这无疑会进一步消除诚实者对于测谎的抵触情绪。同时，由于诚实者内心清楚自己所说为真，对方所说为假，因此坚信双方的测谎结果之间一定会出现相互印证，从而更好地证明自己的清白。鉴于此，诚实者此时会选择积极接受测谎。

对于说谎者来说，情况则恰恰相反。由于说谎者内心明知自己所说为假，对方所说为真，所以当测谎师在告知其测谎结果会相互印证时，说谎者会敏锐地意识到，自己的谎言很快将被揭穿。

不过，在测谎实践之中，当诚实者的抵触与对抗情绪被成功消除后，测谎师还需要解决另一个十分重要的问题。

紧张与顾虑：诚实者的“不能说”

测谎实践中，即使是诚实者，也往往会存在两个“不能说”。

诚实者的第一个“不能说”，是“紧张不能说”。

测谎师：你现在紧张吗?

被测人：我一点儿也不紧张。

……

我曾多次提到过，当被测人走进测谎室，坐在测谎椅上时，无论是诚实者还是说谎者，内心都会感到紧张。具体来说，说谎的人因为担心谎言被揭穿而感到紧张，诚实的人则因为担心被冤枉而同样感到紧张。

尽管在面对测谎师时，诚实者同样会体验到强烈的紧张与焦虑，但当测谎师询问诚实者是否感到紧张时，他们常常会进行否认。

这是因为，在许多人看来，“紧张”与“说谎”似乎是可以画等号的。

“你如果说的是实话，那你紧张什么？”

“你看你紧张兮兮的样子，一定有问题！”

……

诚实者中的很多人会相信，如果自己表现出了紧张与焦虑，那这无疑是在变相地告诉测谎师，自己心里有鬼。

鉴于此，诚实者会因为害怕被测谎师误解而极力隐藏自己内心的紧张与焦虑。有时，他们甚至会故意表现出对事情的漠不关心、毫不在意，以期向测谎师表明自己确实与此事无关，自己对此事问心无愧。

但有些时候，诚实者故意表现出的这种漠不关心与毫不在意，在测谎师看来其实是有些“用力过度”了。

我曾在一次测谎中，遇到这样一名诚实的被测人。尽管他因为担心自己的清白无法被证明而陷入深深的焦虑，但在面对我时，却呈现出了一种表演色彩十分浓重的“漠不关心”。

我：今天安排你来这里，知道是因为哪件事情吗？

被测人：不知道。

我：你的意思是，你不清楚我们今天要谈的是什么事情，对吗？

被测人：嗯。

我：今天安排你来这里，是因为你和 ×× 的事情。

被测人：我和 ×× 的事情？您是说在他家楼道里那件事情吧？

我：是的，就是那件事。

被测人：那件事啊，我都快忘了。

我：快忘了？

被测人：是啊，事情都过去挺长时间了，我也没再去关心那件事。

我：你的意思是，你现在根本不关心那件事？

被测人：是啊，反正这事儿跟我没关系，我压根儿也没动手。

说到此处，被测人摊了摊手，露出了一个轻松的笑容。

我：嗯，我听明白了。因为你压根儿没动手，所以后来你也就没再关心过这件事了，是这个意思吗？

被测人：是啊。

我：嗯，既然如此，这件事到现在还在影响着你的生活吗？

被测人：（沉默，然后点了点头）……

我：无论你动没动手，到今天为止，这件事还困扰着你吗？

被测人：是……

我：你会担心自己被别人诬陷，会担心自己受委屈吗？

被测人：……唉，跟您实话实说吧，这件事情都快把我整疯了。您看，我都这个年纪了，一辈子本本分分，都没跟人红过脸，现在却摊上这么个事儿。我现在自己一个人的时候，都不敢想这个事情。一想到这个事情，我就觉得心慌，就想上厕所。

我：你现在感觉紧张吗？

被测人：（深吸了一口气）紧张啊，不敢想，控制不住啊。

……

从上面的这段对话中，我们可以看到，尽管这名被测人是一名无辜者，但在接受测谎的过程中，他的内心始终处于强烈的紧张和焦虑状态。然而，由于担心自己的紧张和焦虑会引起测谎师的怀疑，这名无辜者故意表现出了对这件事情的漠不关心。

诚实者的第二个“不能说”，是“顾虑不能说”。

测谎实践中，在测前谈话阶段，测谎师会向被测人详细地说明测谎的基本原理和步骤。然后，测谎师会认真询问被测人是否有其他问题，或者是否存在其他顾虑。

测谎师：刚才我跟你说的，你都能明白吗？

被测人：能。

测谎师：有什么不理解的地方吗？

被测人：没有，都能理解。

测谎师：如果你还有什么不明白的，或者有什么顾虑，现在可以直接问我。

被测人：……没有了。

从表面上来看，在测谎师针对测谎的基本原理和流程步骤进行详细的说明后，诚实者应当不会再有什么担心和顾虑。

但事实并非如此。

“我这个人反应有点儿慢，会不会不太好？”

“我平时特别容易紧张，这会不会影响到测谎的结果？”

“每次听到问题时，我心里都会感觉‘咯噔’一下，怎么办？”

……

类似种种，都是诚实者在接受测谎的过程中常常会存在的顾虑。但只有少数诚实者会直接地向测谎师讲出自己的担心。大多数诚实者即使内心存在着种种顾虑，也不会向测谎师如实说明。

但对于测谎师来说，决不能轻易地忽略诚实者的这种担心和顾虑。这是因为：

诚实者所未解决的担心和顾虑，在整个测谎过程中很可能会出现累积放大效应，进而造成一些不易估量的测试误差的出现。

鉴于此，测谎师应当如实向被测人说明：

“许多人之前并没有接触过专业的测谎，比如你就是第一次接触测谎。因为你并不熟悉测谎，所以如果你有一些担心和顾虑，那是再正常不过的事情。”

接下来，测谎师可以向被测人进一步说明：

“即使是诚实的人，对测谎存在一些顾虑和担心也是完全可以理解的。毕竟，诚实的人也会担心自己受到冤枉，也都希望今天的测谎能够清楚地证明自己的清白。所以，如果你对测谎本身有什么担心和顾虑，请坦率地告诉我。”

个人建议，在平时办理测谎案件的过程中，测谎师可以对被测人提出的各种担心和顾虑进行有意识的整理、归纳和总结，并在此基础上对被测人进行更加全面、更具针对性的解释说明。

应对：我记不清了

“我记不清了。”

这句话虽然只有短短的五个字，却足以阻断接下来所要进行的所有询问。

当被测人说出“我记不清了”时，往往还会伴随着给出下面这些理由：

“时间过去太久了，我记不得了。”

“我平时就健忘，有啥事儿回头就给忘了。”

“这件事情我并没有往心里去，现在也就完全没印象了。”

……

被测人出现记不清楚的状况，其实也是正常的。毕竟，我们记忆的贮存能力和提取能力都是有限的。而上面所列出的这些理由，也都是一些很常见的理由。

所以，当被测人说出“我记不清了”时，测谎师也不应该武断地认定被测人是故意隐瞒，或者是拒绝正面回答。

但是，如果被测人真的是“揣着明白装糊涂”，那么测谎师也决不能轻易让其蒙混过关。

于是，一个问题就摆在了测谎师面前：

要怎样去判断被测人究竟是真的记不清了，还是在试图故意隐瞒？

毕竟，测谎的基础是记忆痕迹的存在。如果连记忆痕迹都已经变得模糊甚至消失，那么测谎的效果自然也会大打折扣。

我在这里举个例子。

某天深夜，甲、乙、丙三人与路过的丁发生冲突。冲突过程中，丁被人用一个啤酒瓶击打了头部。在逃离现场后，丁的身体逐渐出现不适，当晚于宿舍内死亡。

那么，案发当时，究竟是谁持啤酒瓶击打了丁的头部？

甲坚称，是乙打了丁的头部，自己亲眼所见。

乙坚称，是甲打了丁的头部，自己亲眼所见。

甲、乙二人对于丁死亡的责任相互推脱。鉴于此，丙的供述就显得尤为重要。

但丙在接受问话时表示，冲突发生那会儿，自己正巧肚子痛，于是就跑去了附近的厕所。他并没看到冲突发生的过程，也没有看到究竟是谁打了丁的头。

然而，甲、乙二人一致表示，在冲突发生过程中，丙一直都在现场，根本没有离开。

眼看无法蒙混过关，丙在后来接受问话的过程中承认自己当时确实在场，目睹了事情发生的整个过程。但同时，丙又解释道：

“我当时可能是在场。但是，发生冲突的过程……我真是记不清楚了，主要是因为我这人记性不好，糊里糊涂的。那天晚上我们仨还喝了点儿酒，后来又发生了些什么事情，我真是没印象了，记不清楚了。”

简单来说，这名关键人物丙承认自己当时确实在场，但表示自己已经完全记不清当时的具体情形。

为了更好地弄清事实真相，案件承办人委托测谎师对本案的三名当事人甲、乙、丙分别进行测谎。

但针对丙的测谎，测谎师首先要弄清楚一个问题：

究竟丙是真的记不清了，还是在故意隐瞒？

为了弄清这一问题，测谎师认真翻阅卷宗，发现了这样一个细节：甲、乙二人的供述中曾经提到，案发当晚，他们酒后与被害人丁相遇，双方随即发生口角。在发生口角的过程中，丁猛地把手中拿着的一只碗摔在了地上，这成为双方发生肢体冲突的导火索。

在测前谈话阶段，测谎师与丙进行了下面这段对话。

测谎师：你现在能记得的，有哪些？

被测人：我记得我们一块儿在饭馆吃饭，后面的事情就都不记得了。

测谎师：后面的事情都不记得了，对吗？

被测人：嗯，喝多了。

测谎师：你们和被害人怎么遇到的，怎么起的冲突，怎么动的手，怎么打的他，也都不记得了，对吗？

被测人：是，完全都不记得了。

测谎师：好。我愿意相信你说的，但是为了明确你是真的不记得了，而不是在故意向我隐瞒，我们需要通过今天的测谎来进行核实。

被测人：没问题。

测谎师：核实的方法其实很简单，按照你刚才的说法，后面的事情你都不记得了，对吗？

被测人：嗯。

测谎师：那么，到目前为止，别人跟你透露过、描述过这件事情的一些细节吗？

被测人：我就听说后来有个人死了，别的我都不知道。

测谎师：那天晚上，在冲突发生之前，那个人曾经把手里拿着的一样东西用力地摔在了地上。你知道他摔的是什么东西吗？

被测人：我……不知道。

测谎师：如果你对当时发生的事情真的不记得了，你自然不会知道被摔的物件是什么。但是，如果你对当时发生的事情记得很清楚，却有意对我隐瞒，那么当我提到那个物件的时候，你的生理指标反应一定会出现异常。你明白吗？

被测人：明白。

……

以下为正式测谎阶段，测谎师发问的一套问题和被测人的回答。

问：发生冲突时，被害人摔了什么东西，你知道吗？

答：不知道。

测谎仪记录下被测人生理指标的反应情况。

问：被害人是摔了一个手机吗？

答：不知道。

测谎仪记录下被测人生理指标的反应情况。

问：被害人是摔了一块砖头吗？

答：不知道。

测谎仪记录下被测人生理指标的反应情况。

问：被害人是摔了一个包吗？

答：不知道。

测谎仪记录下被测人生理指标的反应情况。

问：被害人是摔了一个碗吗？（目标问题）

答：不知道。

测谎仪记录下被测人生理指标的反应情况。

问：被害人是摔了一个酒瓶吗？

答：不知道。

测谎仪记录下被测人生理指标的反应情况。

问：被害人是摔了一个手电筒吗？

答：不知道。

测谎仪记录下被测人生理指标的反应情况。

……

测谎师针对这套题目进行了数遍测试。结果显示，被测人丙每次在对“被害人是摔了一个碗吗”回答“不知道”时，生理指标均会出现显著的异常反应。这表明，丙对于事发时的这一细节存在清晰的记忆痕迹。

换句话说，丙其实清楚地记得事发时的具体情形，但出于某些原因而选择故意隐瞒，谎称自己记不清了。

在明确了这一点之后，测谎师就可以有针对性地对被测人进行下一步的测谎了。

行为分析询问法（BAI）：十五个行为激发问题

对于瑞德（Reid）这个名字，相信每一名测谎师都不会感到陌生。

作为测谎领域的代表性人物之一，Reid对于现代测谎技术的发展起到了重要的推动作用。

事实上，为了进一步提高测谎结果的准确性，Reid等人开发出了一种独立的测谎方法，来与测谎仪的结果进行相互印证。这种独立的测谎方法，就是“行为分析询问法”（BAI）。

在一些审讯与测谎的实务类书籍中，我们可以看到对BAI的详细介绍。具体来说，BAI中主要包含三种类型的问题，分别为“不具威胁性的问题”“调查性问题”“行为激发问题”。在询问期间，询问者以一系列“不具威胁性的问题”开始对被询问者进行询问。在询问过程中，“行为激发问题”的提问并没有特定的顺序，可以与“调查性问题”混合在一起使用。

而在这三类问题中，“行为激发问题”是最为特殊的一类问题。

针对有罪者和无辜者在被询问过程中表现出的不同反应，Reid等人进行了大量的观察研究。在此基础上，Reid等人提炼并设计出了一系列的特殊问题。借助这些特殊问题对被询问者进行系统的询问，就可以有效引发有罪者和无辜者呈现出不同的反应。

这些特殊的问题，就是“行为激发问题”。

一些相关的研究结果也已表明，在使用这些“行为激发问题”对被询问者进行询问时，确实能够有效诱发有罪者和无辜者出现不同的反应，其准确率远远超出了随机判断的水平。

在这一部分，我们就对Reid的“行为激发问题”进行系统的介绍。

需要说明的是，对BAI和“行为激发问题”进行系统的了解，也将有助于测谎师加深对一些测谎范式设计理念的认识。

某公司发生了一起盗窃案件，保险柜内的现金不翼而飞。随后的调查显示，这起案件应当是内部人员所为。经过排查，有三名员工拥有作案动机，并且具备作案条件。

第一名员工，因为理财失败，急需一大笔钱用于偿还债务。

第二名员工，因为晋升受阻，对公司产生了深深的不满。

第三名员工，因为违反公司规定，不久前刚刚受到了公司内部的严厉处罚。

下面，就是BAI中所包含的一系列“行为激发问题”，以及Reid等人认为有罪者与无辜者会呈现出的不同反应。

问题一

询问者首先问询问对象，如何理解今天对其进行询问的目的。具体到本案中，可以这样发问：

“你知道今天为什么对你进行询问吗？”

针对这一问题，说谎者的回复往往是闪烁其词的。比如：

“这个我还真不清楚。”
“是不是要跟我聊聊公司的事情？”

而对于诚实者来说，他们往往会更加直言不讳地回复。比如：

“你们是想问我，关于保险柜被偷我都知道些什么情况。”

问题二

询问者首先简要地陈述正在调查的具体事件，然后直接问询问对象，他是否参与实施了这起事件。具体到本案中，可以这样发问：

“昨天晚上，你所在的公司出事情了。如果与你有关，我们一定会查清楚；如果与你无关，我们也一定会证明你的清白。现在我想问你，这件事情与你有关吗？”

针对这一问题，说谎者的回复往往是迟疑的、犹豫的和避重就轻的。比如：

“我在这里工作这么多年了，我为什么要做这种事情？”

“跟我有关系吗？没关系，不是我做的。”

伴随着言语上的回复，说谎者还常常会出现一些非言语方面的反常表现。

而对于诚实者来说，他们通常会立即进行斩钉截铁的否认。比如：

“绝对没有。”

“我与这件事没有任何关系。”

伴随着言语上的回复，诚实者通常会出现身体的前倾，并主动地与询问者建立直接的目光接触。

问题三

接下来，被询问者会被问到，他是否知道这件事是谁做的。具体到本案中，可以这样发问：

“你知道昨天晚上的事情是谁做的吗？”

针对这一问题，说谎者最关心的是在各方面撇清自己与这起事件的关系。因此，说谎者更可能表示对这一问题完全不知情。说谎者可能会这样回答：

“不。”

“我不知道。”

“我不知道这事儿是公司内还是公司外的人干的。”

而诚实者确实曾认真考虑过这件事究竟是谁做的，所以当被问及这一问题时，诚实者可能会表达出自己的一些怀疑。比如：

“我确实想到过一些人，但是我也不确定，我只是自己这么想过。”

问题四

尽管被询问者会被问到是否知道这件事情是谁做的，但大多数被询问者通常都会表示自己不知道这件事究竟是谁做的。此时，询问者可以继续询问其是否对某人产生过怀疑。具体到本案中，可以这样发问：

“那么，你怀疑昨天晚上的那件事是谁做的？我解释一下，我所说的怀疑只是内心的一种感觉，这种感觉可能是正确的，但也可能是错误的。不过无论如何，你说出的名字一定会被保密。你曾经怀疑过昨晚的事是谁做的吗？”

针对这一问题，说谎者通常会否认自己对其他某个人产生过任何怀疑。比如：

“没有。”

而诚实者在询问人员的解释下，常常会说出一个或多个他怀疑的人的名字。并且，在讲出名字后，诚实者常常会紧接着讲出怀疑的合理依据。比如：

“我能想到的是刚来我们公司的××。她的日常花销特别大，她自己的那点收入根本不够。并且她前阵子说过，她打算离职再去找一份工作。所以我能想到的，她的嫌疑挺大的，不过我也只是猜测。”

问题五

接下来，被询问者会被问到，他能为谁的清白担保。具体到本案中，可以这样发问：

“在你们部门的这几个人中，你认为谁肯定不会去做这件事？”

此时，询问者实际上是在以一种不易觉察的方式请被询问者参与到对事件的调查之中。针对这一问题，说谎者通常不愿意将任何一个人排除在调查之外，也不愿意让任何一个人摆脱嫌疑，因此他们通常会进行否定回答。比如：

“我对其他几个人还真是不太了解。”

而诚实者在询问人员的引导下，常常会明确说出他们认为绝对清白的人的名字。

问题六

接下来，被询问者将会被问到，对这起事件的判断是否正确。具体到本案中，可以这样发问：

“你认为保险柜里的钱，究竟是不是被内部的员工偷走的？”

针对这一问题，诚实者通常会进行认可的回答。比如：

“是啊，我认为是这样啊。”

“肯定是被自己人偷走的。放保险柜的房间很隐蔽，外人根本不知道。再说了，保险柜压根儿没有被撬过的痕迹，明显就是被人用钥匙打开的。”

但对于说谎者来说，这个问题似乎为他混淆调查方向提供了一个潜在的机会。鉴于此，说谎者有时会基于侥幸心理而进行类似这样的回答，企图误导询问者的判断：

“我也不知道。不过，万一是有人通过其他方式偷偷地配了保险柜的钥匙，又趁晚上偷偷地溜了进来，就有可能把保险柜里的钱偷走。”

问题七

接下来，被询问者将会被问到，谁有最好的作案机会和条件。具体到本案中，可以这样发问：

“我并不是说保险柜里的钱就是某个人偷的。我的意思是说，如果一个人想从保险柜里把钱顺利偷走的话，那么谁有最好的机会？”

针对这一问题，诚实者通常会坦诚地对这方面的情况进行详细的陈述，甚至也可能会将自己纳入有作案机会的人的行列之中。比如：

“有四个人都有保险柜的钥匙，所以这四个人其实都有机会。”
“我跟部门里其他两个同事倒班，我们三个都有机会。”

而说谎者显然不想将怀疑引到自己身上，因此常常会通过回答来帮助自己进一步远离嫌疑。比如：

“以前在公司工作过的人，还有公司现在其他部门的人都有机会去偷保险柜里的钱……对了，外人其实也有机会。”

问题八

接下来，被询问者将会被问到，这次被询问的感受如何。具体到本案中，可以这样发问：

“你对这次因为保险柜被偷而接受询问，有什么感觉？”

针对这一问题，说谎者更倾向于表达出对询问的消极情绪。比如：

“我不明白你为什么要问我这些问题。”

而诚实者往往较少表现出对询问的消极情绪。他们可能会进行这样的回答：

“我愿意全力配合，帮助你们找到真正的小偷。”
“我很愿意配合调查，因为我也不想一直受到怀疑。”

问题九

接下来，被询问者将要被问到，他是否曾经想过做一些与正在被调查的事件相类似的事情。具体到本案中，可以这样发问：

“你是否曾经想过，去做一些与盗窃保险柜相类似的事情？”

Reid等人设计这一问题的用意在于，说谎者此时需要通过某种方式来缓解说谎所带来的焦虑，同时又不愿意承担相关的责任。而这个问题就给说谎者提供了一个很好的“机会”。毕竟，想法只是脑海中的一些念头而已，即使承认自己确实有过这样一些不好的想法，也不必承担严重的后果。

鉴于此，针对这一问题，说谎者往往会愿意承认自己确实有过这样的一些想法。说谎者可能会这样回答：

“是的，我觉得我们部门的每个人曾经都应该有过这种想法。”

需要注意的是，在一些十分严重的或是性质极其恶劣的事件中，说谎者往往会对这一问题进行限定性的回答。比如：

“我没有认真地去考虑过这些想法。”

对于诚实者而言，他们通常会坚决地否认曾经有过这样的想法。即使被调查的事件是比较平常的事件，诚实者仍然会进行否定回答。比如：

“绝对没有，没有。”

“我从来没有过这种类似的想法。”

问题十

接下来，被询问者将会被问到关于作案人的动机问题。具体到本案中，可以这样发问：

“你认为，这个人为什么要去盗窃公司的保险柜？”

这个问题并不会对诚实者造成心理上的威胁，因此诚实者在与询问者讨论作案人的犯罪动机时，会显得轻松和自在。诚实者可能会进行这样的回答：

“可能是欠人家钱了吧，没别的办法只能干这种事了。也可能是报复公司吧，都有可能。”

然而，这一问题对说谎者来说是很有威胁性的，因为他非常清楚自己真正的作案动机，却又不能让询问者知晓他的作案动机。鉴于此，说谎者可能会进行这样的回答：

“具体是什么原因，我怎么会知道？”

“我不清楚。”

但需要注意的是，如果被询问对象针对这一问题的回答十分具体，此时询问者需要考虑这是不是有罪者在实际描述自己的罪行。

问题十一

接下来，被询问者将会被问到，作案人应当接受的惩罚。具体到本案中，可以这样发问：

“你认为，这个偷保险柜的人应当受到什么样的惩罚？”

这一问题通常会诱发说谎者强烈的焦虑情绪，因为他明知自己是真正的作案人，却要来回答自己应当受到什么样的惩罚。出于自我保护的本能，他将很难对这一问题进行正面回答。鉴于此，他可能会做出两种回答。

第一种回答，是避免发表任何观点。比如：

“这个要由法官来决定。”

“他应当受什么样的惩罚，我说了也不算。”

第二种回答，是对作案人应当受到的惩罚进行“暧昧”的表述。比如：

“嗯，我觉得他应该赔偿公司的一些损失。”

“这个还是要具体情况，具体处理吧。”

“他可能需要一些帮助吧。”

而针对这一问题，诚实者的回答显然要直接、清楚得多。由于事情并非他所为，因此诚实者会依据被询问当时的具体情绪状态，进行类似这样的回答：

“他应该去蹲大狱。”

“你们必须起诉他，给他判刑。”

问题十二

接下来，被询问者将会被问到，是否应该给作案人一次重新改过的机会。具体到本案中，可以这样发问：

“你认为，我们应不应该给那个偷保险柜的人一个改过自新的机会？在什么情况下你可以原谅他？”

由于受到真正作案人的连累，诚实者遭到了怀疑并接受询问。换句话说，诚实者因为别人的过错而蒙受委屈。鉴于此，诚实者往往并不愿意给作案人改过自新的机会。诚实者可能会进行这样的回答：

“不会。我因为他受了这么多委屈，不会给他改过自新的机会。”

“我不会原谅他。”

而对于说谎者来说，其内心清楚现在讨论的是自己应不应当被给予改过自新的机会，所以说谎者针对这一问题的回答往往是比较含蓄的。说谎者可能会进行这样的回答：

“我还是觉得应该根据具体情况，来进行具体的处理。”

“这个……很难说吧。”

问题十三

接下来，被询问者将会被问到，他为什么不会去做这件事情。具体到本案中，可以这样发问：

“你能告诉我，为什么你不会去做类似偷公司保险柜这种事情吗？”

Reid等人认为，在针对这一问题进行回答时，诚实者往往会使用第一人称进行回答，并且更多地会提到当前的责任和过去的成就。诚实者可能会这样回答：

“因为我不是个小偷。”
“因为我不会拿我辛辛苦苦得来的一切去冒险。”

而说谎者在针对这一问题进行回答时，则会面临非常尴尬的情形：他已经实施了违法的盗窃行为，现在却要来回答为什么他不会去做类似的事情。

鉴于此，说谎者往往会使用第三人称进行回答，并且更多地会提到未来可能发生的后果。说谎者可能会这样回答：

“因为那是违法的事情。”
“因为我可不想以后丢了工作。”

问题十四

接下来，被询问者将会被问到，他对于调查结果的信心。具体到本案中，可以这样发问：

“你认为，关于你是否参与实施了这起盗窃，最后的调查结果会是怎样的？”

针对这一问题，诚实者无疑会表现出对自己终将被洗清嫌疑的充分信心。诚实者可能会进行这样的回答：

“我知道我没做，所以我不担心。”
“我所说的一切都是真的，事实会证明的。”
“结果一定会证实我是无辜的。”

而对于说谎者来说，他的信心显然没有那么充足。说谎者往往会进行这样的回答：

“我不知道……”
“应该还好吧。”
“毕竟是你们在进行调查，所以我也不是很清楚。”

问题十五

接下来，被询问者将要被问到，他都跟谁谈论过这起案件。具体到本案中，可以这样发问：

“今天到这里接受询问的事情，你都告诉过谁了？”

设计这一问题的原因在于，个体总是会倾向于从亲近的人那里寻求温暖和安慰。因此，如果询问对象没有把正在被调查的事件告诉过任何亲近的人，那么他就是非常可疑的。

但有时，即使是说谎者也会与亲近的人讨论被调查的事件。所以，当被询问者对这一问题进行肯定回答时，询问者应当继续追问：

“当你告诉他时，他有什么样的反应？”

对于诚实者来说，他可能已经与某位亲近的人详细讨论过这一事件，因此会对该名亲近的人当时的反应进行详细的描述。

但对于说谎者来说，他往往会对该名亲近的人当时的反应一带而过。比如：

“他当时就是说了些没用的话。”

“他当时其实也没有什么明显的反应。”

以上，是Reid所开发设计出的一系列“行为激发问题”。而关于“行为激发问题”的使用，我想强调三点。

第一，有罪者与无辜者在回答“行为激发问题”时所表现出的不同反应，更多的是一种总体性的优势反应。换句话说，“并非每一个对行为激发问题的回复都会一贯性地符合有罪或无辜的模式”。

一方面，“行为激发问题”是一种甄别有罪者与无辜者的有效工具；另一方面，我们也一定要避免僵化地、静态地、碎片化地使用这一工具。如果我们只是将上文中所提到的某个甄别标准进行碎片化的套用，将被询问者所做出的某一回答与某个标准进行机械的比对，并据此得出被询问者是否说谎的结论，那么将很可能会出现判断错误。

举个例子。

在本文所介绍的一系列“行为激发问题”中，有这样一个区分标准：当被询问对象被问到，他是否曾经想过做一些与正在被调查的事件相类似的事情时，诚实者通常会予以坚决的否认，而说谎者往往会承认自己确实曾经有过一些类似的想法。

但在我所参与办理的测谎案件之中，相当一部分的说谎者在被问及这一问题时，同样会在第一时间进行坚决的否认。

来看下面这段对话。

测谎师：那份合同，是你提供给对方公司的吗？

嫌疑人：不是我提供的，是对方公司的人起草的。他们起草好了之后，给我看了合同，我只是签了个字而已。

测谎师：你把你签字当时的情形详细说一下。

嫌疑人：大约半年前的一天，对方公司一直跟我对接的那个人给我打电话，让我去他们公司签一份合同。我当时也并不清楚究竟是什么合同，但是我与这家公司已经合作很久了，之前也与这家公司签过很多合同，所以想着去了之后再说，就答应了。

测谎师：然后呢？

嫌疑人：等到了对方公司，那个负责人就交给了我一份合同。我一看，这份合同与我们双方之前签过的那些合同都是差不多的。那个负责人就跟我讲，考虑到之前那几个项目都是跟我进行合作的，并且完成的结果他们也挺满意，所以这次这个项目还是决定跟我合作。我自然是很高兴，然后那个负责人就让我在合同上签字，我就把字签了。

测谎师：这份合同后来哪里去了？

嫌疑人：我签完字以后，那个负责人说等他们公司领导有空时，他再去找领导签字，然后就把合同拿走了。从那以后我就再也没有见过这份合同，所以这份合同现在应该还在那个人手里。

……

测谎师：那么在此之前，你有没有想过，通过一些类似的方式来弄一些钱？

嫌疑人：没有，从来没有过这种想法。我这么跟您说吧，我这个人，做事讲的就是诚信，不义之财绝对不要。不光是我自己从来没有过这些类似的念头，就连我的家人，我也从来不允许他们有这些歪念头。我给您举个例子，有一次我跟我妻子在散步的时候捡到了十块钱，当时我们两个人就去了派出所，把这十块钱交给了警察。这就是我做人做事的方式。

……

尽管这名嫌疑人对这一问题进行了直接的否认，但他确实说谎了。事实上，这份合同就是他起草并提供给对方公司的，并且这份合同现在还在他手里。

如果我们仅仅因为嫌疑人在这一问题上的回答符合BAI中的某一“诚实”标准，就武断地认定其无辜，那么将很可能使真正的有罪者蒙混过关。

事实上，如果我们在理解了“行为激发问题”和BAI的设计理念后，再对这名嫌疑人在询问过程中的优势反应进行综合、动态、系统的评估，就能够有效避免类似错误的发生。

事实上，在我所构思的这个例子中，这名嫌疑人的回答其实呈现出了另一个十分明显的特征，那就是异常强烈的道德感。

这种异常强烈的道德感具体表现为：在被问及与道德相关的问题时，被询问者对于自己的道德感给出了极高的评价，这种异常强烈的道德感与当前正在调查事件的性质形成了鲜明的对比。同时，被询问者对自身道德行为的一些描述，对于普通人来说也是很难做到的。

具体到这个例子中，这名嫌疑人表示，自己从不拿不义之财，并且要求家人也不能有一些歪念头。除此以外，嫌疑人还讲述了一段自己与妻子捡到十元钱后送交派出所的经历，来进一步证明自己具有极高的道德水平。

事实上，有罪者的这种做法往往并不会收到预期的效果，反而会进一步加深询问者的怀疑。但在测谎实践中，确实有相当多的有罪者会表现出这种异常强烈的道德感。

比如，在一起故意伤害案件中，被测人这样对测谎师说道：

“我的小孩子前阵子在学校被一个同学给打了，回到家以后朝我哭。

我就跟他说，就算别人打你，你也不能去打别人，因为打人本身就是不对的。”

被测人说这句话的用意，其实就是想要告诉测谎师：

“我连自己的孩子都这样教育，我自己又怎么会去做伤害别人的事情？”

再比如，在一起盗窃案件中，被测人这样对测谎师说道：

“我从来没有闯过一次红灯，并且看到有人闯红灯，我还会批评他。”

被测人说这句话的用意，也是想要告诉测谎师：

“我连一个红灯都不敢闯，又怎么敢闯进别人家里去偷东西？”

这些有罪者为何会不约而同地表现出异常强烈的道德感？一个重要的原因其实还是他们希望通过这种方法，使自己进一步远离犯罪的事实。有罪者既是在说服询问者，其实也是在说服自己。

但很显然，有罪者的这种做法，其实是有些“用力过猛”了。

第二，说谎的线索有很多，如果说谎者在编造谎言的过程中，同时暴露出了多个层面和通道的说谎线索，那么这些说谎线索之间形成的相互印证，必然有助于我们对谎言进行更为准确的甄别。

对于“行为激发问题”来说，同样是这个道理。询问者需要注意，在使用这些“行为激发问题”时，不仅要关注被询问者在言语层面的回答，还需要同时关注被询问者在表情、姿态、动作等非言语层面的即时反应，并将各层面所获得的信息进行统筹分析，进一步提高结论的准确性。

第三，无论使用哪一种测谎工具来进行测谎，我们都应当牢记一点——对于说谎，不同个体的表现有时确实会存在明显的差异。换句话说，测谎工具与测谎方法更多关注的是说谎的“共性”；但不可否认的是，每个人说谎又都存在着自己的“个性”。鉴于此，在对谎言进行甄别的过程中，我们必须保持足够的慎重，在立足“共性”的基础上，将被询问者的个性化特征充分考虑在内。

恐惧诱发：有效说服的五个问题

在测谎实践中，很多时候测谎师需要对被测人进行说服。

比如，说服被测人相信测谎师，相信科学，如实地陈述事实。

比如，说服被测人放下内心的种种顾虑，坦诚地讲述一切。

事实上，如何能够进行有效说服，同样是社会心理学领域的一个研究重点。在这一部分，我们就针对“有效说服”的几个重要问题展开讨论。

问题一：诱发被说服者的恐惧情绪，是否有利于说服？

通常我们会认为，恐惧情绪的诱发应当有利于说服，同时也有利于改变被说服者的行为。

但这种说法，其实是不够严谨的。

比如，在测谎实践中，如果为了使说谎者能够如实陈述事实，一味地强调其说谎后果的严重性和毁灭性，那么这应当会诱发说谎者强烈的恐惧情绪。但这种恐惧情绪的诱发，未必有利于说服。

原因在于，如果被诱发的恐惧情绪过于强烈，将会导致说谎者不愿甚至不敢去思考谎言被揭穿后所带来的严重后果。在这种情况下，说谎者索性硬着头皮继续坚持先前的虚假陈述，这反而会给说服工作带来困难。

所以，尽管恐惧情绪的诱发有时会有利于说服工作的进行，但这种恐惧情绪的诱发，必须是适度的。如果诱发的恐惧情绪强度过大，将很可能适得其反，导致说谎者在极度的恐惧情绪中紧抱自己的谎言，拒绝做出任何改变。

在日常生活中，我们也常常会发现这种“高度恐惧导致个体拒绝改变”的例子。

比如，在一些说服司机开车时不要超速的宣传片中，画面血淋淋地展现了超速造成的惨烈车祸现场。毫无疑问，宣传片中血肉模糊的场景，极大地引发了包括老司机在内的观看者的恐惧情绪。但在观看到这些场景后，观看者可能并非如我们所预想的那样，认为“超速太可怕了，从现在起，我开车绝对不超速”。

事实上，在观看到这些场景后，有的老司机可能会出现以下两种表现。

第一种表现，是告诉自己，这样的事情绝对不会发生在自己身上，它只会发生在那些新手身上。

第二种表现，是告诉自己，这些信息真是太恐怖了，还是不要去看，免得影响心情。

由此看来，在有效说服的过程中，恐惧情绪的诱发必须适度。但是，要想真正对个体进行有效的说服，单纯诱发适度的恐惧是不够的。我们还需要将恐惧情绪的适度诱发与可操作的具体方法进行有效的结合，才能取得更好的说服效果。

比如，仅仅通过诱发吸烟者适度的恐惧情绪，还不足以使吸烟者做出改变。此时，我们还需要给吸烟者提供一些可操作的具体方法。比如，在烟瘾发作时如何进行自我心理暗示，如何用替代法来缓解停止吸烟所产生的烦躁感与空虚感，等等。

简单来说，只有将恐惧情绪的适度诱发与可操作的具体方法结合运用，才能更有效地对个体进行说服，引导个体做出改变。

这一点，在司法实践中同样有所应用。

比如，在说服说谎者如实陈述事实时，办案人员并非一味地向说谎者强调，说谎将会承担严重的法律后果。事实上，办案人员也会站在说谎者的角度来帮助说谎者分析，在目前的情况下，对于说谎者来说最正确、最有利的具体做法是什么，以及说谎者应该如何进行补救，才能获得一个最好的结果。

此时，说谎者的恐惧情绪被适度诱发，同时办案人员也向说谎者提供了可操作的具体方法。双管齐下，从而更好地引导说谎者如实陈述事实。

问题二："个例"和"普遍"，哪个更有利于说服？

如果个体想要做出一项理性的决策，那么他应当更加关注"普遍"，而并非"个例"。

举个例子。

你正打算去一家餐馆用餐。此前，你已经在网上做了详细的调查。你发现这家餐馆的网上评分很高，数以万计的顾客纷纷对这家餐馆给予了高度的评价。于是，你决定也要去这家餐馆品尝一下。

正要出发时，你遇到了一个朋友。你告诉他，自己要去这家餐馆用餐，并邀请他一同前往。

朋友却一摆手说道，他前几天刚刚去过那家餐馆，菜的味道非常难吃，服务态度也不够好。

朋友的话让你内心产生了动摇。最终，你没有去那家餐馆用餐。

在这个例子中，如果你想要判断这家餐馆的好坏，那么通过关注它的"普遍"（如网上评分和顾客点评）来进行判断，也许是相对比较准确的一种方法。但我们可以看到，朋友仅仅凭一个"个例"，就成功地说服你放弃了去那家餐馆用餐的想法。

由此可见，在说服他人的过程中，"个例"的影响力在很多时候会超越"普遍"。

心理学家指出，在说服他人的过程中，"个例"的影响力之所以会超越"普遍"，很大程度上是因为"个例"的生动性，导致其对个体产生的影响更为强烈和直接。

司法实践中，发问者有时也会灵活地运用“个例”，对说谎者进行说服。

比如，当发现说谎者因为顾虑重重而始终不愿如实陈述事实时，发问者有时会借助一个生动的真实案例来说服说谎者转变错误观念，停止编造事实。

这种“个例”虽然仅仅是一个小小的事例，但如果在说服的过程中运用得当，也足以给说谎者内心带来强烈的触动。

问题三：首先表述自己的观点，还是最后表述自己的观点？

参加过辩论比赛的读者，都应当有过这样的思考，即在顺序上首先表达自己观点的一方，与在顺序上最后表达自己观点的一方，究竟谁更容易说服评委？

相似的情况有，在庭审过程中，原告一方与被告一方也存在表述观点的顺序差异。

那么，先发表观点的一方与后发表观点的一方，究竟哪一方会对法官产生更强的说服力？

这里所涉及的，其实是呈现观点的时间顺序对说服效果的影响。要想探讨这一问题，我们首先要来了解两个概念：**首因效应和近因效应**。

首因效应，是指人对最初接触到的信息所形成的印象，对于我们的认知和评价会产生明显的影响。

比如，我们对一个人的第一印象，很大程度上决定了我们对这个人的整体评价，这就是首因效应在起作用。

近因效应，是指在印象形成的过程中，新近获得的信息对于我们的认知和评价会产生较大的影响。

比如，不久之前某人的一个举动让你记忆犹新，并且极大地改变了你对他的评价，这就是近因效应在起作用。

简单来说，在说服的过程中，首先发言的人可以借助首因效应增强说服的效果，而最后发言的人则可以借助近因效应增强说服的效果。

那么，当你需要向被说服者表达自己的观点时，你会选择首先亮出自己的观点，还是选择最后亮出自己的观点？

你可能会选择首先亮出自己的观点。因为你希望，这可以让被说服者先入为主地接受你的观点。

你也可能会选择最后再亮出自己的观点。因为你相信，把观点放在最后，可以给被说服者留下更加深刻的印象。

那么，究竟哪种选择的说服效果更好？

心理学家认为，要想回答这个问题，我们必须还要考虑另一个关键变量，那就是**“时间间隔”**。

这里的“时间间隔”，具体包括两方面的含义。

一是首先表述观点与最后表述观点之间的时间间隔的长短。

二是最后表述观点结束与被说服者做出决定之间的时间间隔的长短。

艾略特·阿伦森在《社会性动物》一书中，曾经介绍过一项“模拟陪审团”的心理学实验研究。下面，我们就以这个实验来说明“时间间隔”对于首因效应和近因效应的影响。

在这项实验研究中，研究者安排被试来模拟陪审团成员，并给被试提供了案件材料进行阅读。这些案件材料，与真正的陪审团所阅读的材料完全一致。

这起案件的具体案情是被告因为涉嫌生产某种存在技术缺陷的设备，给原告造成了损失。

原告方的材料和被告方的材料，是分别放的。

原告方的材料包括：原告方证人的证词、原告方律师对被告方证人的交叉询问、原告方律师的开场陈词和结案陈词。

被告方的材料包括：被告方证人的证词、被告方律师对原告方证人的交叉询问、被告方律师的开场陈词和结案陈词。

接下来，研究者改变了阅读双方材料之间的时间间隔（比如，是在阅读完原告方的材料之后马上阅读被告方的材料，还是间隔一段特定的时间后再阅读被告方的材料），同时改变了阅读后一个材料与做出裁决之间的时间间隔（比如，是在阅读完后一个材料之后，立刻做出裁决，还是间隔一段特定的时间后再做出裁决）。

实验结果表明：当被试阅读原告方和被告方材料之间的时间间隔很长，并且在阅读完双方的材料后马上就做出裁决时，近因效应起到了更大的作用。

换句话说，在这种情况下，最后表述自己的观点能够产生更好的说服效果。

但是，当被试阅读原告方和被告方材料之间的时间间隔很短，并且在阅读完双方的材料后又过了较长时间才做出裁决时，首因效应会起到更大的作用。

换句话说，在这种情况下，首先表述自己的观点能够产生更好的说服效果。

问题四：单面论证与双面论证，哪个说服效果更好？

假设，你正在参加一场激烈的讨论，这次讨论的主题是死刑的废除。

再假设，对于废除死刑，你是持赞成意见的，并且你也努力地想要说服那些持反对意见的人同意你的观点。

现在，轮到你发言了。

你想到了两种说服对方的思路。

第一种思路，是只陈述废除死刑所带来的好处，然后结束自己的发言。

第二种思路，是在陈述完废除死刑所带来的好处之后，接着陈述死刑废除可能会带来的坏处，并针对这些可能带来的坏处再进行论述与驳斥。

如果你选择了第一种发言思路，那么你采用的是单面论证的说服方法，你希望输送给被说服者更加强有力的、印象深刻的观点。

但此时，你的内心也许会存在一些顾虑。你会担心，如果只进行单方面的论证，被说服者可能会认为你是在故意避免提及反面的观点，并进而怀疑你之所以不愿提及反面的观点，是因为你根本无法反驳它们。

如果你转而选择了第二种发言思路，那么你采用的是双面论证的说服方法，你希望从正、反两个方面进行说服，让被说服者感受到你的观点是经得起考验的。

但此时，你又会出现新的顾虑。你开始担心，如果你提及了反面的观点，可能会使一些原本支持废除死刑的人开始重新考虑废除死刑的合理性，这反而会给你的说服工作造成不利影响。

那么，为了增强说服的效果，我们究竟应当采用单面论证方法，还是双面论证方法呢？

心理学认为，对于单面论证和双面论证而言，究竟哪种方法的说服效果更好，取决于被说服者的某些特征。

具体来说，如果被说服者对于这一问题所获得的信息较多，那么此时采用双面论证的方法将更为有效。这是因为，在获得较多信息的情况下，被说服者受到单面论证的影响将会变小，此时如果罗列出反面的观点和证据，并一一进行驳斥，将会使被说服者更加信服。

但如果被说服者对于这一问题所获得的信息较少，那么采用单面论证的方法将更为有效。这是因为，此时向被说服者灌输直接、明确的信息，将有利于引导被说服者快速形成相应的观点。而此时对反面观点进行的论证将可能导致被说服者产生困惑，从而适得其反。

除此以外，被说服者最初所持有的态度，也影响到单面论证与双面论证方法的选择。

具体来说，如果被说服者最初所持的观点与说服者一致，那么此时说服者如果采用单面论证方法，将会产生更好的说服效果；相反，如果被说服者最初所持有的观点与说服者不一致，那么此时说服者如果采用双面论证方法，将会产生更好的说服效果。

问题五："中心途径"与"外周途径"，哪个说服效果更好？

心理学认为，我们在对他人进行说服的过程中，主要使用两种途径，分别是**"中心途径"**和**"外周途径"**。

当我们使用"中心途径"来说服他人时，我们依赖的是被说服者能够全面系统地对某个问题进行思考，并关注到相应的论据。

比如，当我们使用"中心途径"来说服一个人购买某品牌的电视机时，我们会向他介绍这台电视机的详细性能参数，以及售后服务情况。被说服者在获得充分信息的基础上，全面综合地进行考量，最终决定购买该品牌的电视机。

再比如，当我们使用"中心途径"来说服一个人戒烟时，我们会向他介绍吸烟对人体各器官所造成的具体危害，并且告知他每年因吸烟而导致死亡的具体人数。被说服者在充分考虑这些论据的基础上，决定停止吸烟。

然而，当我们使用"外周途径"来说服他人时，我们并不希望引导被说服者去认真地思考和分析问题。相反，我们希望被说服者在不经过深思熟虑的情况下，不假思索地接受我们所提供的信息和暗示。

比如，当我们使用"外周途径"来说服消费者购买某品牌的电视机时，我们会在广告中呈现祖孙三代人坐在家中一起看电视，全家人其乐融融的场景。这种做法的目的，就是让消费者不假思索地将该品牌的电视机与"家庭""温馨"等形象联系在一起，使得消费者在进行认真的思考之前，就已经接受了暗示，认为"如果我购买了这台电视，那么我们全家人也会其乐融融地坐在一起"，从而选择购买该品牌的电视机。

再比如，当我们使用"外周途径"来说服一个人戒烟时，我们会向其呈现一些形象的宣传画。这些宣传画有的将一根燃烧的香烟描绘成人的生命线，象征着吸烟其实就是在消耗生命。这种做法并没有直接向被说服者呈现翔实的数据和可靠的报告，但同样会使被说服者迅速地受到感染和触动，从而改变之前的行为，停止吸烟。

那么，“中心途径”和“外周途径”，究竟哪种方法的说服效果更好？

这很难给出一个明确的答案，因为两种说服途径各有其优势。

比如，在面对认知水平较高的被说服者时，使用“中心途径”摆出充分的论据，无疑会十分有利于说服，并且这种说服的效果还可以保持很久。

但是，在论据并不充分的情况下，如果使用“外周途径”来引导被说服者做出快速的决定，有时同样会起到意想不到的效果。

鉴于此，对于说服者来说，如果能将“中心途径”与“外周途径”进行结合使用，也许是一个更好的选择。

临场应变：测谎师的必备能力

测谎题目质量的好坏，是衡量测谎准备工作是否完备的重要指标，也是关系到测谎结果和效果的重要因素。

但是，实际办理过测谎案件的测谎师都会清楚：尽管在对被测人进行正式测谎之前，测谎师通常已经编制了完备的测谎题目，但在正式测谎的过程中，测谎师需要临场修改或更换测谎题目的情况，也经常会出现。

换句话说，很多时候，测谎师需要进行临场应变。

临场应变的原因有很多，但总的来说，还是因为在测谎过程中出现了新的情况，导致测谎师必须对原有的测谎题目进行修改或变更。

有时，这种新情况的出现，是由于在测谎过程中，被测人突然提出了新的说法。

举个例子。

一起受贿案件，被测人在之前接受问话的过程中，始终否认自己曾经在某项工程中收受过好处。但在与测谎师谈话的过程中，被测人感受到了巨大的心理压力。于是，被测人承认自己曾经收受过九万元的好处费。

由于被测人在与测谎师的谈话中提出了新的说法，所以测谎师需要进行临场应变，对先前的测谎题目进行修改。

这道题目变更为：

“除了那九万元以外，你在××工程中还收过其他好处吗？”

有时，这种新情况的出现，是由于在正式测谎的过程中，测谎师基于已经获得的部分测谎结果，意外发现了新的线索。

某地发生一起纵火案。案件承办人委托测谎师对一名嫌疑人进行测谎，以帮助判断该名嫌疑人是否纵火者。

但在测谎过程中，测谎师意外发现，基于已经获得的部分测谎结果，这起纵火案可能还存在着其他的共犯。

换句话说，在测谎过程中，测谎师发现了新的案件线索。

此时，测谎师需要重新编制测谎题目，以应对新情况的出现。

具体到本案，首先需要明确：参与本案的究竟有几个人？

鉴于此，测谎师临场编制了这样一套题目：

×××家着火，你知道是几个人干的吗？

是一个人干的吗？

是两个人干的吗？

是三个人干的吗？

是四个人干的吗？

是五个人干的吗？

是更多的人干的吗？

……

接下来，测谎师还需要进一步探查：如果是多人参与作案，那么都有谁参与实施了本案？

鉴于此，测谎师继续编制了下面这套题目：

×××家着火的事，你知道都有谁参与了吗？
陈×参与了吗？
刘×参与了吗？
陈××参与了吗？
张××参与了吗？
孙×参与了吗？
那个收废品的参与了吗？
……

通过使用这套题目进行测谎，案件承办人能够明确下一步的办案方向。

需要强调的是，这套题目中所列举的可能参与者（如陈×、张××等人）并非测谎师的随意罗列。相反，这是测谎师在综合把握全部在案证据的前提下，通过细致的分析研判，有针对性地、按特定顺序列出的怀疑对象。

行文至此，我们会发现，测谎师的临场应变，其实还是离不开对整个案情的透彻把握。否则，所谓的“临场应变”，也就变成了没有基础的“空中楼阁”。

事实上，在我上面所举的两个例子中，测谎师所遇到的新情况，在一定程度上还是可以被提前预料到的。但有时，新情况的出现，是测谎师很难预料到的。

而当某些难以预料的新情况出现时，不仅事先编制好的测谎题目需要更换，甚至连测谎的对象都可能跟着发生改变。

举个例子。

被害人到嫌疑人甲的地里偷地瓜，正巧被甲看到，甲于是赶忙大喊。被害人做贼心虚，站起身准备溜走，却被闻声赶来的甲的妹夫乙、甲的父亲丙拦住。

随后，被害人被人猛击前胸，随即一屁股坐在了地上。

由于被害人年纪较大，再加上自身患有比较严重的心血管疾病。因此，被害人坐在地上，再也没能爬起来。

这样的后果完全出乎所有人的预料，但悲剧已经发生。

那么，到底是谁打了被害人？

甲和乙到案后，开始相互指认对方。

甲供述，案发当时，乙在拦住被害人后，朝被害人前胸猛击一拳，然后被害人就慢慢坐到了地上。

乙供述，案发当时，自己从前面拦住了被害人，甲从被害人身后拽住被害人的衣领。被害人转过身去，甲突然朝被害人前胸猛击一拳，被害人随即慢慢坐到了地上。

丙则称，当时自己和乙在一起。听到嫌疑人的喊声之后，乙就赶忙往出事的地方跑过去。丙因为年纪大了，跟不上乙，就在后面走。因为他眼睛有毛病，视力不好，所以当时也没看清到底发生了什么。

甲与乙均一口咬定，是对方打了被害人。那么，这两人究竟谁在说谎？

测谎师于是分别对甲和乙进行了测谎。

但在对甲和乙进行测谎的过程中，测谎师发现了一个奇怪的现象。

具体来说，为了确保这两人的测谎结果之间能够形成相互印证，测谎师在对这两人的测谎之中加入了同一套测谎题目。这套测谎题目如下：

那个人是被谁打倒的，能说清楚吗？

是你母亲打倒的吗？

是你父亲打倒的吗？

是你妹夫（或哥哥）打倒的吗？

是你打倒的吗？

是其他人打倒的吗？

……

但在使用这套题目分别对甲、乙进行测谎时，测谎师意外发现，两人在对“是你父亲打倒的吗”回答“不是”时，都出现了显著异常的生理指标反应。

这出乎测谎师的预料，测谎师原本要核实两人之中，究竟是谁对被害人实施了伤害行为，但在测谎过程中意外发现了新的情况。

那么，这中间是否存在其他隐情？鉴于此，测谎师需要依据已经获得的测谎结果，继续对嫌疑人甲的父亲丙进行测谎。

在这个例子中，我们可以看到，由于某些新情况的出现，不仅事先编制的测谎问题需要变更，就连测谎的对象也要发生变化。

临场应变，一方面，需要测谎师本人对案情有着全面透彻的把握，才能在短时间内对测谎思路进行迅速调整；另一方面，也需要测谎师自身具备较强的分析能力，在遇到新情况时能够迅速思考该情况出现的原因，并及时做出判断。

由此可见，测谎过程中的临场应变，是很考验测谎师专业能力的一环。

多人翻供：棘手的状况

案件当事人突然改变之前的陈述，有时会成为一个让案件承办人头疼的问题。而如果多名案件当事人同时改变之前的陈述，自然会给案件的办理带来更大的困难。

测谎实践中，测谎师有时也会遇到这种多人同时改变陈述的情况。

我曾跟随我的一位老师办理过这样一起测谎案件，下面我对这起案件进行了改编。

俗话说，夫妻吵架是“床头吵架床尾和”。但有时，如果这种吵架达到了失控的程度，很可能会酿成悲剧。

案发当天，丈夫与妻子发生了激烈的争吵。夫妻双方性格都十分强硬，平日里吵架也常常大动干戈，但案发当天的争吵比平日更为激烈。

最终，妻子打电话报警。在电话里，妻子称丈夫情绪失控，要跟她同归于尽。自己刚才已经被丈夫强灌了农药，又被丈夫割破了手腕，她的手腕正在流血，她感觉自己快要死了。

警察很快赶到现场，并控制住了这名丈夫。

案发现场十分凌乱，床边醒目的位置上摆放着一个脸盆，里面已经被鲜血染红，显得十分恐怖。

于是，这名丈夫因为涉嫌故意杀人，被采取了强制措施。

这名丈夫供述，案发当天，两人因为妻子娘家的一件事情而发生了争吵。丈夫对于妻子以往的做法早有不满，因此这次争吵十分激烈，并很快动了手。当时两人的情绪都十分激动，自己突然就产生了与妻子同归于尽的想法，于是就从家里找出了一瓶农药，自己先喝了几口，然后又强灌给了妻子。接着，他从桌子上拿起一把刀子，划破了妻子的手腕，并取来一个脸盆用来盛血。可能是由于农药慢慢发挥了作用，他的意识开始有些模糊，仰面倒在了床上。

但不久之后，本案的被害人，也就是嫌疑人的妻子，突然毫无预兆地推翻了之前的所有陈述。

而几乎在同一时间，嫌疑人也推翻了之前的所有供述，开始辩称自己冤枉。

嫌疑人供述，自己并未对被害人实施过伤害行为。之前自己之所以那么说，只是事后出于对妻子的愧疚。但现在他发现，如果他因为愧疚而说了假话，那么自己将会面临牢狱之灾，因此他决定实话实说。

本案发生当时，现场只有嫌疑人与被害人，没有其他目击证人。此时嫌疑人与被害人同时改变了之前的陈述，这让案件变得有些棘手。鉴于此，为了能够更好地弄清事实，案件承办人将本案委托到了测谎实验室。

测谎师经过认真的准备，决定首先对被害人进行测谎。

以下是测谎师与被测人在测前谈话阶段的部分对话。

被测人：我和他开始就是吵，后来也动手了。

测谎师：怎么动的手？

被测人：他打了我几个耳光，我就抓住他的胳膊咬他，他又拿起拖鞋来打我的头和脸。

测谎师：然后呢？

被测人：然后他就说，既然过不下去了，那咱俩干脆一块儿死了算了。我当时也是脑子充血，糊涂了，我说好，咱俩一块儿死。

测谎师：你接着讲。

被测人：他就从里屋拿了一瓶农药。他打开瓶子喝了几口，然后把瓶子又递给了我。我接过瓶子也喝了几口，然后我就哭了。

测谎师：你的意思是，他喝了之后递给你，你又喝的？

被测人：是的。

测谎师：你继续讲。

被测人：我就听他说，他要死了。我自己也觉得很难受，感觉心里憋闷，不知道是不是喝了农药的关系。我就把桌子上的那把水果刀拿起来了，我跟他说，死就死，然后我就照着自己的手腕划了下去。

测谎师：你的意思是，你手腕上的伤，是你自己划的？

被测人：是的。

测谎师：他有什么反应？

被测人：他也没阻止我，他到洗手间取了一个脸盆，放在床边盛着我滴下来的血。

测谎师：然后呢？

被测人：我就躺在床上。过了一会儿，我突然觉得这样太难受了，我不想死了，所以我起身打电话找人救我。

……

测谎师：接下来，我们准备开始正式的测谎。你还有什么需要跟我补充的吗？

被测人：有。

测谎师：你说一下。

被测人：之前我跟警官说，农药是我丈夫给我强灌进嘴里的，手腕也是我丈夫拿刀给我划的，其实不是这样。因为当时打电话时，我正在气头上，再加上当时流了很多血，还喝了药，所以神志也不是很清楚了。

测谎师：那么，我现在再跟你核实一遍。那天，你丈夫有没有做过那些伤害你的行为？

被测人：没有。

……

于是，针对被害人改变后的陈述，测谎师进行了有针对性的测谎。

测谎结果显示，被害人改变后的陈述为假。换言之，在案发当时，嫌疑人确实对被害人实施了强灌农药和强割手腕的伤害行为。

而本案的被害人也在测试结束后，以默认的方式变相承认了自己的说谎行为。

案发当天，被害人与嫌疑人爆发了激烈的冲突。嫌疑人情绪失控，对被害人实施了强灌农药和强割手腕的伤害行为，被害人在愤怒中报了警。按照被害人的想法，这只是夫妻之间发生的冲突。但直到后来被害人才明白，嫌疑人的行为已经触犯了法律，这是她始料不及的。正因如此，被害人才会推翻先前的陈述。

对被害人的测谎结束后，测谎师接下来对本案的嫌疑人进行了测谎。

在正式测谎开始之前，测谎师对这名嫌疑人说了这样一段话：

“本着对这件事情认真负责的态度，在今天对你进行测谎之前，我们已经对你的妻子进行了测谎。接下来，我们要对你进行测谎。需要向你说明的是，我们对你进行测谎时所设计的思路和题目，与对你妻子进行测谎时所设计的思路和题目，是相互对应的。如果对你的测谎结果与之前对你妻子的测谎结果之间形成了相互印证，那么事实究竟是怎样的，也就很清楚了。所以，如果你说的是真话，不需要再担心；如果你说谎了，请如实承认。”

本案的嫌疑人在听完这段话后，深深地叹了一口气，最后一丝侥幸心理终于不复存在。

在这种多人同时改变陈述的案件中，测谎的难度更大，测谎师所面临的压力也更大。但恰恰是在这种棘手的状况中，测谎“甄别谎言，厘清事实”的独特作用，也得到了更大程度的彰显。

自作聪明：说谎的无辜者

一起故意伤害案件。本案中的被害人称，案发当时自己被嫌疑人推下土坡受伤。

下面，我们来看嫌疑人的这段辩解：

“当时我正常开车，旁边一辆黑色的小轿车想要超车，车速挺快，挺危险的，我没防备，差点跟它蹭上。那辆车又尝试了几次超车，我都没让它成功。到前面的红绿灯那儿，我们两辆车就都停下了。然后那辆车的车门儿就开了，下来了一个男的，朝我这里走了过来。他走到我车前面，用手使劲捶我的车玻璃，让我下车，我没办法才下了车。

“下车之后，那个男的就把我拽到马路边那个土坡边儿上。我有点害怕，我说有话好好说。没承想，这个时候我看到他身子突然往后一歪，大喊了一声，顺着那个斜坡就滚下去了。事情发生很突然，我吓了一大跳，赶忙跑到土坡边往下一瞅，就看到他脸朝下趴着不动了。我喊了他几声，也没有反应。”

后来，办案人员成功地调取到了案发当时公路附近的一处监控录像。通过将监控录像与嫌疑人的供述进行认真的比对，发现有以下几点重大出入：

第一，嫌疑人称，被害人当时驾驶车辆反复进行危险超车。但监控录像的内容显示，当时被害人始终在正常行驶，多次试图进行危险超车的其实是嫌疑人。

第二，嫌疑人称，在红绿灯处停车后，是被害人从车上走下来敲自己的车玻璃，并威胁自己下车。但监控录像的内容显示，当时是嫌疑人从车上走下来，走到被害人车前去敲被害人的车玻璃，最终被害人才下了车。

第三，嫌疑人称，案发当时，现场只有自己和被害人两个人。但监控录像的内容显示，在嫌疑人与被害人往马路边走去时，从嫌疑人的车上又下来了两名男子，跟着嫌疑人一起向马路边走了过去。

由此看来，在这些基本不可能记错的情节上，这名嫌疑人说谎了。

看到这里，读者可能会形成这样的印象：这名嫌疑人的供述，应当是很不可靠的。

进而，读者可能会产生这样的怀疑：既然他在前面这么多事情上都说了假话，那么他后面所说的应该也是假的，应该就是他把被害人推下了那个土坡。

这是我们的一种惯性思维，即认为一个人在陈述的过程中，如果在一个或几个重要情节上说了假话，那么他所有的陈述就都是不可信的。

比如，下面这段对话：

问：那件事情是你做的吗？

答：不是，你们一定是弄错了。

问：昨天晚上八点钟到九点钟，你在哪里？

答：我在酒吧。

问：哪一家酒吧？

答：××酒吧。

问：你一个人吗？

答：是，就我一个人。

问：你几点钟到的？

答：七点多到的。

问：几点钟离开的？

答：九点多钟离开的。

问：中途你离开过吗？

答：没有离开过。

问：这段时间你一直待在酒吧里，对吗？

答：是的。

问：你确定吗？

答：我确定。

问：你在跟我说谎。你昨晚确实去过××酒吧，但是我们找酒吧的工作人员详细了解过，你在八点一刻的时候就已经离开了。凶手就是你，我说的没错吧？

……

这样的对话在小说和影视作品中常常可见。简单来说，就是通过拆穿嫌疑人的一个或几个谎言，从而认定他就是真正的作案人。

一方面，我们为发问者的机智点赞；另一方面，我们也需要来思考这样一个问题：嫌疑人在一个或几个重要的情节上说了谎，就能够据此认定他所有的辩解都是不可信的，他就是真正的作案人吗？

答案自然是否定的。

事实上，从事一线测谎工作的测谎师，常常会遇到这样一类人：说谎的无辜者。

读者可能会问：

"既然是无辜者，为什么不实话实说，偏偏要去撒谎？"

我想要表达的是，在我所接触到的这些"说谎的无辜者"中，他们选择说谎的最根本目的，其实还是为了使别人能够相信他们的清白。但不幸的是，他们自作聪明地采取了错误的方法。当他们编造的谎言被拆穿后，反而使得自己的可信度骤降，从而让自己陷入更加不利的境地。

换句话说，这些无辜者的自作聪明，反而害了他们。

下面我构思了这样一个例子。

嫌疑人（男）与被害人（女）通过一位朋友介绍认识。案发当天，嫌疑人给被害人打电话，邀请被害人到自己的一处别墅去聚会，同行的其他几人也搭乘嫌疑人的车，一起来到了嫌疑人的别墅。

饭后，其他几人结伴出去散步，别墅里只剩下了嫌疑人和被害人。

被害人的陈述如下：

“当时我有点儿累，想跟他（嫌疑人）打个招呼，然后回之前那间卧室休息，他突然一把拽住了我的胳膊。我问他要干吗，他也没说话，就拽着我的胳膊把我拉进了卧室。他进了卧室，反锁上了门，上来就要亲我。我用胳膊往外推他，他就抱起我，一下子把我摔在了床上，然后他就开始脱我的衣服。我一边叫，一边想蹬开他，但是不管用。最后我的裙子和内裤被他一块儿脱了下来。我拼命反抗，但是他力气太大了。”

嫌疑人的供述如下：

“那天我们到了别墅以后，我就去地下室找炉子和木炭，剩下几个人在楼上收拾食材。我刚到地下室，正准备开始找东西，就看到她（被害人）跟着我也下来了。我对她有好感，当时光线也比较昏暗，于是我就上前拉住了她的手，把她拉了过来，她也没有反抗。我俩当时在地下室就接吻了。后来，我听到楼上有声音，担心其他人会下来，于是我们就停止了。我提着炉子和木炭，从地下室上来了。

“到了下午，客厅里就剩下我们两个人。可能是因为我们两个人都喝了一些酒的原因，还有中午在地下室跟她接吻刺激到了我，我跟她聊着聊着就抱在一块儿了。她提议去卧室，然后她站起来往卧室走，我就跟着她进了卧室。进卧室后，我亲了她，然后抱起她，把她放到了床上。她自己脱掉了裙子，我于是也就脱了自己的衣服。”

……

那么，究竟是嫌疑人强迫被害人发生了关系，还是被害人自愿与嫌疑人发生了关系？

在对嫌疑人与被害人的陈述进行认真的对比分析后，测谎师发现，二人除了对于发生关系时具体情形的描述存在明显分歧之外，还在另一件事情的描述上存在巨大差异，那就是当天中午在地下室发生的事情。

简单来说，嫌疑人称当天中午，被害人曾跟着自己去了地下室，并在地下室进行了接吻，而被害人则坚决否认这些情节的存在。

为了进一步弄清事实真相，在对嫌疑人进行测谎的过程中，测谎师对这些情节的真实性进行了有针对性的核实。

对这些情节的正式测谎结果表明，嫌疑人说了谎，地下室接吻的情节完全是嫌疑人编造出来的。

这无疑使得嫌疑人供述的整体可信度大大降低。即使是坚持客观中立的测谎师，也难免会对嫌疑人整个供述的真实性打上一个大大的问号。

测谎师继续向被测人核实下面几个问题：

是她（被害人）提议进卧室的吗？

她是被拉进卧室的吗？

她的裙子是自己脱的吗？

……

针对这些问题的测谎结果显示，被测人的陈述是真实的。当时，是被害人提议进的卧室，并且是她自己脱掉了衣服。

接下来，测谎师围绕其他案件情节，对被测人进行了进一步的精细测试。

最终，综合对所有问题的测谎结果，测谎师做出判断：案发当时，嫌疑人并没有强迫与被害人发生关系。

而关于这名无辜者为何要自作聪明地编造出一套“地下室接吻”的假话，读者应该也能大致猜到其中的缘由。

无辜者之所以要编造这段谎言，无非还是希望测谎师能够相信，自己确实没有强迫与被害人发生关系。这名无辜者内心清楚，在被害人一口咬定自己强迫与其发生关系的情况下，自己没有办法来完全证明自己的清白。于是，无辜者绞尽脑汁地思考如何能够让测谎师和办案人员相信自己，并进而想到虚构出一段“地下室接吻”的情节。

在这名无辜者看来，如果测谎师和办案人员能够相信这些情节的存在，那么无疑会使得后来两人自愿发生关系变成一件合情合理的事情。

但这只是无辜者的自作聪明。因为他并没有认识到，谎言终将被揭穿，而原本真实的部分陈述也会受到谎言的波及，随之失去可信度。

正因如此，每当面对那些看起来顾虑重重的被测人时，我总是会在正式测谎开始前，明确地告诉他们：

“如果你说的是假话，不要抱有任何侥幸心理，你的谎言一定会被发现和拆穿；但是，如果你是清白和无辜的，你同样也不要抱有任何侥幸心理，去自作聪明地编造一些你觉得有用的谎话，因为那些自作聪明的谎话不会给你带来任何好处。总而言之，我希望你今天在面对我时，能够原原本本地陈述当时的真实情况，不要夹杂一丝谎言。这是我希望你能做到的，也是对你来说最好的选择。”

具身认知：说谎者的微笑

以下，是我在办理一起测谎案件的过程中，与一名被测人的部分对话。

我：他是什么时候离职的？

被测人：前年的时候。

我：他在公司的时候，跟你在工作上是什么关系？

被测人：他是我的直接上司。

我：他离开公司之后，又联系过你吗？

被测人：对，联系过我。

我：为什么联系你？

被测人：就是让我把公司内部的一些资料发给他。

我：你给他了吗？

被测人：没有，那是违法的，我肯定不能做，我当时就拒绝了他。（微笑）

我：你拒绝之后，他又联系过你吗？

被测人：没有，后来我们就没联系了。（再次微笑）

……

在这段对话中，被测人其实说了谎。事实上，这名被测人与本案中的另外一名嫌疑人合伙窃取了这家公司的重要商业秘密。

我们再来设想这样一个生活中的场景：

丈夫偷偷地与自己的一名女同事建立了情人关系，他一直小心翼翼地隐藏着这件事情，担心被自己的妻子发现。但有一天，他与妻子在家时，手机突然响了。丈夫拿起手机一看，正是自己的情人打来的。他心里一紧张，马上挂断了电话。

看到丈夫古怪的样子，妻子心生怀疑，于是问丈夫："你是不是在外面有人了？"

丈夫答道："没有。"

此时，丈夫说谎了。

妻子询问丈夫"你是不是在外面有人了"，这其实是一个很尖锐的问题。但当丈夫回答"没有"时，如果紧绷着脸，面无表情，看起来反而会十分反常。

所以，仅仅回答“没有”是不够的，此时丈夫还需要使用一些表情来与言语回答进行配合。

比如，他可以选择使用“愤怒”这种表情。他可以在回答“没有”时，表现出满脸的愤怒，然后训斥妻子：

“你这话什么意思？你怀疑我？”

比如，他可以选择使用“惊讶”这种表情，在回答“没有”时表现出满脸的惊讶，然后询问妻子：

“你是在说我吗？”

比如，他可以选择使用“微笑”这种表情，在回答“没有”时表现出满脸的笑容，然后对妻子说道：

“你可真会开玩笑，我哪有那个胆量啊。”

人类的表情库十分丰富，微笑、愤怒、悲伤、怀疑、惊讶、恐惧、厌恶等，都是我们在日常生活中随时随地会用到的表情。而在这些表情当中，微笑，是说谎者经常使用的表情之一。

在这一部分，我们将对此展开讨论。但有必要澄清的一点是，说谎者偏爱使用“微笑”这一表情，并非指只要一个人出现微笑的表情，就表明他说了假话。这无疑是非常荒谬的。

我想要表达的意思是，当说谎者想要使用表情来配合说谎时，“微笑”往往会成为说谎者的第一选择。

说谎者偏爱使用“微笑”来配合说谎，第一个重要的原因是具身认知。

具身认知，是心理学中的一个新兴研究领域。它是指：

我们的生理体验和心理状态之间，存在着强烈的联系。不仅生理体验可以影响到心理感觉，心理感觉同样也可以影响到生理体验。

这么说有些抽象，在这里还是举一个例子。

第一个例子，是有意思的**“咬铅笔实验”**。

在这项实验开始之前，心理学家将被试分成两组。

第一组被试被要求用嘴唇含住一支铅笔，并且不能让笔碰到自己的牙齿。

第二组被试被要求用牙齿咬住这支铅笔，并且不能让笔碰到自己的嘴唇。

实验开始，心理学家给被试观看了一些卡通图片。在被试看完这些卡通图片后，心理学家要求两组被试对卡通图片的好笑程度进行打分。

所有被试看到的图片都是一样的，只不过第一组被试在观看图片时是用嘴唇含住了铅笔，而第二组被试在观看图片时是用牙齿咬住了铅笔。实验结果表明：第一组被试认为这些卡通图片并不好笑，第二组被试则认为这些卡通图片非常好笑。

原因何在？

因为这两组被试在观看图片的过程中，他们的表情是不一样的。

第一组被试，因为是用嘴唇含住铅笔，所以被试呈现出的其实是一个噘嘴的表情。

而我们知道，噘嘴是我们在不高兴时会使用的表情。

第二组被试，因为是用牙齿咬住铅笔，并且嘴唇不能碰到铅笔，所以被试呈现出的其实是一个微笑的表情。

换句话说，在这项实验中，心理学家借助一支铅笔，巧妙地让两组被试呈现出了两种截然相反的表情。

这一实验的研究结果表明：

我们呈现出的表情，能够影响到我们的情绪和大脑。

换句话说，人们在微笑时会变得开心。

第二个例子，是有关“姿态”的有趣实验。

在这项实验开始之前，心理学家告诉两组被试，这项实验的目的，是研究不同的身体姿态对完成任务的影响。

第一组被试，被要求使用弯腰低头的姿态。

第二组被试，被要求使用昂首挺胸的姿态。

接下来，两组被试分别在心理学家的指导下，完成了一项十分复杂的实验任务。

任务完成后，心理学家询问两组被试当下的心情。结果表明：第二组被试比第一组被试体验到了更为强烈的骄傲情绪。

我们注意到，在这项实验中，第一组被试弯腰低头的身体姿态，代表的是一种垂头丧气的心理状态；而第二组被试昂首挺胸的身体姿态，代表的是一种自信满满的心理状态。这一实验的研究结果告诉我们：

我们呈现出的姿态，同样能够影响到我们的情绪和大脑。

通过对以上两个实验的介绍，相信读者应当对“具身认知”有了一个初步的认识。

回到测谎实践中。

正如我在前文所述，说谎是一种会引起个体强烈内心冲突的活动，并且会诱发说谎者多种负性情绪的出现。鉴于此，说谎者会想方设法去缓解说谎过程中产生的消极心理体验。

按照具身认知的原理，当个体呈现出微笑的表情时，能够诱发相应的积极情绪。鉴于此，说谎者在陈述谎言时，通过“微笑”可以在一定程度上缓解说谎带来的内疚、恐惧等负面情绪，诱导正面情绪的出现，从而避免谎言暴露破绽。

说谎者偏爱使用“微笑”来配合说谎，第二个重要原因是表情的易伪装性。

如果一个表情能够轻易地被伪装，那么它无疑会得到说谎者的偏爱。

比如，你想要伪装出一个愤怒的表情，那么不可避免地，你需要认真地思考这样一个问题：愤怒的表情，应该是什么样子的？

你会尝试去有意识地皱紧眉头，因为你觉得愤怒应该伴随着眉头紧蹙；你会努力地去咬紧自己的牙齿，因为你觉得愤怒应该表现出咬牙切齿。

然后你会发现，你也并不能确定你所伪装出的这个表情，看起来究竟像不像是愤怒。

再比如，你想要伪装出一个惊讶的表情。依据在日常生活中的观察，你有意识地瞪大了自己的眼睛，抬高了自己的眉毛，并且同时张大了自己的嘴巴。

但你马上又需要考虑这样几个问题：这个表情应该持续多长时间？它是应该一下子突然消失，还是慢慢地消失？

所以，如果一个表情的构成比较复杂，或者在形成机制、消退过程、持续时间等方面存在一些鲜明特征，那么说谎者将不愿主动使用这些表情进行伪装。

此时，“微笑”这一表情的优势就充分体现了出来。因为它简单，我们只需要抬起自己的嘴角，就能伪装出一个简单的微笑。我们只需要一直将微笑挂在脸上而不必去费心考虑这个表情的更多细节变化。

在测谎实践中，说谎者在面对测谎师深入细致的询问时，认知负荷加重，会更加没有足够的时间和精力去伪装出其他复杂和特殊的表情。因此，“微笑”也就成了说谎者在陈述谎言时的最佳搭档。

说谎者偏爱使用“微笑”来配合说谎，第三个重要的原因是“微笑”这一表情包含的社会化意义：微笑，本身就是一种自信、轻松和肯定的表现。

想象此刻你面前站着两名演说家。

第一名演说家上台进行演说。演说完毕，他低下头，眉头紧皱，嘴唇紧紧地抿在一起。

第二名演说家紧接着上台进行演说。演说完毕，他抬起头，嘴角向上扬起，露出了笑容。

那么，你更可能会被谁的演说所打动？

相信大多数读者会选择第二名演说家。

而在测谎实践中，说谎者也深谙这一点。借助微笑，说谎者想要表达的，是下面这几个意思：

“你怀疑我？这很可笑。”

“我一点儿也紧张。”

“是的，我问心无愧。”

谎言铺垫：不怀好意的奉承

一起抢劫案件，案发时间为晚上八点钟左右。

案发当时，被害人独自在胡同内散步，突然被作案人从背后蒙住面部，作案人随后将被害人手中的包一把夺走。被害人被这突如其来的变故吓了一跳，等她回过神来，作案人的身影已经消失在了夜色之中。

经过侦查，与被害人同住一村的一名外来人员被锁定为犯罪嫌疑人。

然而，这名嫌疑人到案后辩称，案发当晚自己根本就没有离开过租住的房屋，更不可能去实施抢劫。

为了明确这名嫌疑人究竟是不是真正的作案人，案件承办人将本案委托到了测谎实验室。

来看下面这一段对话。

测谎师：刚才说的，你都能明白吗？

被测人：能明白。

测谎师：你还有什么需要补充的吗？

被测人：有……说实话，我打小就佩服像您这样的人，学历高，专业能力强，今天能遇到您这样一位专家，我真的感到很幸运。

测谎师：……

被测人：我觉得，您真的是一位心理学大师。

说到此处，被测人竖起了大拇指。

测谎师：你刚才说，你有什么想要补充的？

被测人：有。我想说，那天晚上，我曾经出去过一趟。

测谎师：嗯。

被测人：……之前他们问我那天晚上有没有出去过，我跟他们说，我整晚都没离开过家。

测谎师：为什么跟他们这么说？

被测人：因为他们对我态度不好，我就偏偏要跟他们对着干，偏偏不跟他们实话实说。但是今天我遇到您，我感觉到您跟他们不一样，您很尊重我，对我态度也很好，我愿意跟您说实话，我真心的。

测谎师：好的，我也希望你能实话实说。

被测人：有一个重要情况，之前我一直没跟他们说，现在我想如实跟您讲，我只跟您一个人讲。

……

在测谎实践中，我曾多次遇到类似的情形。

从表面上来看，这是在对被测人进行测谎的过程中，测谎师的专业能力得到了被测人的充分认可，被测人对测谎师给予了很高的评价。在此基础上，被测人终于向测谎师敞开心扉，愿意如实陈述之前从未向他人提及的重要情节。

但请注意：

测谎师不能为此感到沾沾自喜，认为被测人折服于自己的专业能力和人格魅力，进而轻信了被测人的陈述。

因为，这只是说谎者的一种惯用伎俩，一种不怀好意的奉承。

需要强调的是，在测谎实践中，说谎者的这种奉承一方面固然是为了博得测谎师的好感，放松测谎师的警惕；但另一方面，这种奉承其实往往还有一个更为重要的目的，那就是为接下来编造新的谎言进行铺垫。

回到本案中。

这名说谎者在之前接受问话的过程中，始终坚称自己在案发当晚从来没有离开过租住的房屋。但随着问话的深入，他惊讶地发现，自己在案发现场遗落了一条毛巾。

说谎者这才回想起来，自己当时是临时起意实施的抢劫，抢劫过程中身上的一条毛巾不慎掉落在了案发现场，自己却一直没有察觉。

于是，这就成为摆在说谎者面前的一个棘手问题。一方面，他始终坚称自己从未离开过租住的房屋；而另一方面，在案发现场又发现了自己的一条毛巾。

显然，在面对测谎师时，这名说谎者很难直接推翻自己先前的供述。毕竟，如果供述的变化过于突然和生硬，势必难以获得信任；但如果继续坚称自己当晚从未离开过住处，那么将无法合理解释自己的毛巾为何会出现在案发现场。

最终，这名说谎者决定，重新来编造一套新的谎言。

说谎者明白，为了不使自己供述的变化过于生硬，新的谎言还需要一个铺垫。

通过对测谎师表现出高度的评价和认可，说谎者为推翻先前的说法创造了看似合理的铺垫。

如果测谎师单纯地以为，被测人是真心地信任自己，才讲出了先前从未与其他人讲过的重要案件情节，那么就恰恰掉进了说谎者的圈套。

因为接下来说谎者将要陈述的并非真正的事实，而是另一个更大的谎言。

测谎师：那么，那天晚上你几点出的门？

被测人：晚上七点左右。

测谎师：你出门去做什么？

被测人：抽烟。

测谎师：你去了哪里？

被测人：我去了对面的那条小路边上，在那里抽了根烟。

测谎师：多长时间？

被测人：没多长时间，十几分钟就回屋了。

测谎师：有其他人跟你一起吗？

被测人：没有，就我自己一个人。我当时坐在台阶上抽烟，一摸口袋没摸到手机，我不确定手机是不是放在屋子里，担心手机丢了。看了看四周没有手机，我就赶忙回屋了。结果一着急，我就把擦汗的一条毛巾落在台阶上了。等我再回去找时，那条毛巾已经不见了。

测谎师：你的意思是，你的一条毛巾不见了？

被测人：对，应该是被人拿走了。

测谎师：被谁拿走的？

被测人：我后来回台阶那儿找毛巾时，看到一个人影，一见到我转身就跑了。应该就是那个人拿走的。

测谎师：那个人为什么要拿你的毛巾？

被测人：他们跟我说，村里有个人被抢了，现场发现了一条毛巾，说是我的。之前我还一直在纳闷儿，那个人拿我的毛巾干什么？后来我才想明白，那个人一定是有预谋的，他为了嫁祸给我，先偷了我的毛巾，然后把我的毛巾留在案发现场。我真的是冤枉啊，您一定要相信我。

……

在这个例子中，说谎者起初所编造的谎言内容始终保持稳定，但在发现自己的谎言与客观证据之间存在明显的矛盾，并且自己无法对这一矛盾做出合理的解释后，说谎者通过对测谎师的奉承，为自己接下来编造新的谎言进行铺垫。在此基础上，说谎者重新编造出另一套遭人栽赃陷害的谎言，企图借助这种信誓旦旦的所谓如实陈述来骗取测谎师的信任。

因此，测谎师一定要保持清醒的头脑。

第四章

字斟句酌：测谎之细节

唯一性解释：一行为，一问题

这一部分我想要表述的内容，还是要从一起案件说起。

案情大致如下：嫌疑人与被害人是同村的村民。案发当天，二人在地里相遇，被害人拉住嫌疑人的自行车不让其离开，嫌疑人则执意要离开，双方遂发生争执。后嫌疑人离开现场，被害人报警称自己被嫌疑人打伤。经过诊断，被害人的手腕骨折。

那么，被害人的伤具体是怎么形成的？

被害人的陈述大致如下：

“几天前，我家的狗被人打死了。我听我家的一个亲戚说，是他（嫌疑人）干的，于是我就去找他对质。但是他说不是他干的，还骂我脑子有病。

“那天，我在我家地里碰到他了。当时他骑着自行车朝这边过来，我就冲过去，一下子把他的自行车把手给攥住了。他从自行车上跳了下来，我不让他走，要跟他理论一下我家狗的事情。我的要求很简单，让他承认是他打死了我家的狗，然后跟我道歉。但他就是不承认，一边掰我的手，一边想推自行车走。我就攥着他的自行车把手不放。

“突然他弯下了腰，好像从地上捡了个什么东西。然后他直起腰来，抡起手里的东西，就朝我砸了过来。事情发生得很突然，我不知道他拿什么东西打我，就抬起右手这么一挡，那个东西就直接砸在我手腕上了。我感到一阵刺痛，捂住手腕就蹲在地上了。他趁这机会赶忙骑上自行车就逃走了。这时我才看到地上有一块石头。他刚才应该是从地上捡起这块石头，砸的我。”

嫌疑人的供述则大致如下：

“他（被害人）家的狗前几天被人打死了。我也不知道他是听谁说的，就认定了是我干的。我跟他解释说不是我干的，他不信，非要让我承认，让我跟他道歉。在我们村，他这个人是出了名的轴，根本没法跟他讲道理。最后我也懒得理他，惹不起我还躲得起，我以为这事儿到此结束了。

“那天，我骑着自行车经过他家地里。他看到我，就跑过来抓住我的车把手，不让我走。我当时被他这么一拽，差点从车子上摔下来。我也很生气，就跟他说，他家的狗不是我打死的，我也不可能跟他道歉。他说，如果我不承认，那今天就不让我走。我们俩于是就僵在那里了。

“过了一会儿我烦了，趁他不注意，我一下子掰开了他的手，迅速跳上车子就走了。然后我听到身后“咕咚”一声。我回头一看，他坐在地上叫唤。我不知道他出了什么状况，但我不敢再回去，我怕他又缠住我不让走。我就没再管他，骑着自行车离开了。”

对比两人的陈述，我们会发现，双方当事人对于案发当时具体情形的描述，存在明显的分歧。

具体来说，被害人描述，案发当时，嫌疑人弯腰从地上捡起一块石头，并抡起石头砸向自己，自己下意识地抬手进行抵挡，结果右手手腕被打骨折。嫌疑人则描述，案发当时自己趁被害人不注意，掰开被害人的手并骑上自行车离开了现场，自己不知道被害人是怎么受的伤。

那么，两人所说究竟孰真孰假？被害人的伤究竟是如何形成的？为了帮助弄清这些问题，案件承办人将本案委托到了测谎实验室。

在查阅了全部卷宗材料，并重新走访了案发现场后，测谎师开始进行测谎问题的编制。

在针对被害人的问题编制过程中，测谎师设计了这样一道问题：

“那天，他（嫌疑人）拿石头砸你了吗？”

毕竟，嫌疑人坚称自己不知道被害人怎么受的伤，而被害人一口咬定是嫌疑人拿石头砸了自己。那么，针对双方陈述的主要矛盾点来编制这道题目，并没有什么不妥。

但这道题目中其实隐藏着一个问题，那就是：

在这一个问题中，其实包含着两个行为——“拿石头”和“砸”。

一个问题中存在着两个行为，将可能导致测谎师在对测谎结果进行解释时，遇到一些困难。

假设，测谎师使用这一道题目对本案的被害人进行正式测谎。

问：那天，他拿石头砸你了吗?

答：是的。

……

再假设，对这一问题的测谎结果显示，被害人说的是假话。

那么，如何对测谎结果进行解释?

至少，会包含以下几种可能的情形。

情形一：案发当时，嫌疑人确实拿过石头，但是他并没有用这块石头砸被害人。他可能只是为了让被害人松开车把手而拿着这块石头朝被害人比画了几下，或者只是简单地吓唬一下被害人，然后就把这块石头丢掉了。所以，被害人说嫌疑人当时拿石头砸过他，是假话。

情形二：案发当时，嫌疑人根本没拿过石头，但是他用其他东西打了被害人。比如，嫌疑人可能只是抡起拳头打了被害人。所以，被害人说嫌疑人当时拿石头砸过他，也是假话。

情形三：案发当时，嫌疑人根本没拿过石头，也没有砸过被害人。嫌疑人只是掰开了被害人的手，然后骑上自行车离开了。所以，被害人说嫌疑人当时拿石头砸过他，同样是假话。

……

简言之，我们在对测谎结果进行唯一性解释时，遇到了困难。

那么，为何会出现这种情况？

原因正如我在前文中所提到的，因为在这一个问题中包含了两个行为，导致测谎师在对测谎结果进行解释的过程中遇到了困难。

再举一个例子。

一起诈骗案件，被害人到公安机关报案，称自己在几个月之前交给了嫌疑人五万元钱，现在才反应过来，自己应该是被嫌疑人给骗了。

这名被害人陈述，自己一直想要购买一辆二手车。嫌疑人在得知这一情况后，主动与被害人取得了联系。嫌疑人称自己是某局局长的亲戚，该局这段时间正准备处理一批公车，如果被害人能给他一些好处，他可以帮被害人搞到一辆二手车。

被害人听完十分高兴，于是当即与嫌疑人达成协议，自己给嫌疑人五万块钱从中运作，嫌疑人则负责帮自己搞到一辆二手车。

某日，嫌疑人给被害人打电话，约他在某局大门口见面，并嘱咐被害人带好五万元钱的现金。被害人按时赶到某局大门口，并在那里见到了嫌疑人。

两人见面后，嫌疑人称自己要去局长办公室把钱交给局长，被害人不方便跟自己一起。于是，被害人将五万元钱交给了嫌疑人，嫌疑人随即走进了该局的办公大楼。

大约过了一刻钟，嫌疑人从办公大楼里走了出来。被害人急忙走上前询问，嫌疑人称事情办得很顺利，让被害人回去等消息，过一段时间车的事情就会解决。

被害人陈述，自己当时对嫌疑人所说的话深信不疑。一个重要的原因在于，被害人被门卫拦在门外，而嫌疑人却能畅通无阻地进入，看来确实有些背景。

然而，几个月的时间过去了，被害人始终没有等到车的消息，而嫌疑人失联了。被害人这才意识到，自己应该是被骗了，于是到公安机关报了案。

本案的嫌疑人到案后，坚称自己从来没有向被害人说过自己是某局局长的亲戚，也没有说过可以帮被害人搞到二手车，更没有拿过被害人的钱。

为了进一步弄清案件事实，本案的案件承办人委托我们对嫌疑人进行测谎。

在编制的测谎题目中，有这样一道题目：

“你通过虚构身份的方式，拿过被害人五万块钱吗？”

与上一个例子类似，本例中编制的这道问题，其实也存在着类似的问题，即一个问题中包含了数个行为。

具体来说，**“虚构身份”**是一个行为，**“拿五万块钱”**是另一个行为。

比如，嫌疑人根本没有虚构过自己的身份，被害人自始至终也非常清楚嫌疑人的真实身份，知晓他并不是什么局长的亲戚。但被害人认为嫌疑人有能力帮自己搞到一辆二手车，于是把钱交给嫌疑人，请他帮自己运作这件事情。

再比如，嫌疑人可能确实虚构了自己的身份，但是他并没有拿过被害人五万块钱。他可能拿过被害人三万块钱或者一万块钱，甚至根本没有拿过被害人的钱。

所以，如果将这两个行为糅合在一个问题中进行核实，同样会造成测谎师在解释测谎结果时出现困难。

在明确了问题出现的原因之后，接下来我们需要考虑如何来解决这一问题。

解决的方法其实非常简单，那就是：

确保每一个测谎问题中，只包含一个单一的行为。

回到这个例子中，我们对这道题目进行了修改。

在修改之后，该题目被分离成两个问题，分别为：

问题一：你对被害人讲过自己是某局局长的亲戚吗？

问题二：你拿过被害人的五万块钱吗？

“一行为，一问题”，使得结果的解释具有唯一性，测谎的结论也变得更为清晰。

不拒绝断言：“我没有任何枪”

一家餐馆发生盗窃案。餐馆收银员随手将钱包放在了前台的抽屉里，等到下班时才发现，钱包已经不翼而飞。

很快，餐馆的另一名工作人员被认定为本案的嫌疑人，但该名工作人员始终辩称自己冤枉。鉴于此，案件承办人委托测谎师对其进行测谎。

在测前谈话阶段，被测人的这样一句话引起了测谎师的注意。

测谎师：那段时间里，你去过前台那儿吗？

被测人：我们店有监控，您可以去调取我们店的监控，查看以后您就知道事实是什么样的了。

正式测谎的结果表明，这名被测人说谎了，钱包确实是他偷走的。

那么，我们需要来思考这样一个问题：既然被测人明知自己去过前台，并实施了盗窃行为，又为何会胸有成竹地要求测谎师查看监控录像，从而承担谎言可能被当场直接戳穿的风险？

具体到本案中，原因有二。

第一个原因，相信许多读者也已经想到，那就是案发当时，店里的监控摄像头并没有开启。

换句话说，这名说谎者明知监控摄像头并没有拍到案发当时的具体情形，这才胸有成竹地说出这样的话。

实践中，这种情况经常会遇到。这些看似信心满满的表态和保证，很多时候只是因为说谎者心里清楚，发问者很难或者根本无法获取能够证明其说谎的客观证据。

不过在这一部分，我想要着重强调的是第二个原因。

回过头来，我们再看一遍本案中的被测人所说的这句话：

“我们店有监控，您可以去调取我们店的监控，查看以后您就知道事实是什么样的了。”

相信有的读者已经发现了这句话中的问题。在这句话中，被测人并没有表示，自己是无辜的。

如果真的是一名无辜的被测人，那么他的陈述可能会是类似这样的：

“我们店有监控，您可以去调取我们店的监控，查看以后您就知道，我根本没有去过前台，更没有偷那个钱包。”

换句话说，这名陈述者只是表示，测谎师在查看监控以后就能够弄清事实，但并没有表示，监控录像可以证明自己是诚实和清白的。

实践中，这种陈述有时也被称为**“不拒绝断言”**。

请读者注意，此处对说谎者的陈述进行文字层面的细致剖析，绝非吹毛求疵的咬文嚼字。事实上，司法领域中的许多讯问和谈判专家，都曾针对说谎者的这种“不拒绝断言”进行过专门的研究和论述。

下面，我们再举几个例子。

例一

问：你在火车站偷过那个女人的钱吗？

答：她的钱根本不在我这儿。

在这个例子中，陈述者只是表示那个女人的钱不在他这里，但实际上并没有否认自己盗窃钱财的事实。

事实上，陈述者可能确实偷了那个女人的钱，但他已经花光了偷来的钱，所以那个女人的钱现在确实已经不在他这里。

换句话说，他没有说谎，但也并没有否认自己的盗窃行为。

例二

问：你用枪射击过那个男人吗？

答：我没有任何枪。

在这个例子中，陈述者只是表示自己并没有枪，但实际上并没有否认自己射击过那个男人的事实。

事实上，陈述者可能确实用枪射击过那名男子，但射击所用的那把枪，并不是他本人的枪。

他也没有说谎，但也没有否认自己的射击行为。

例三

问：昨天晚上，你俩有过争吵吗？

答：我跟他很少争吵。

在这个例子中，陈述者只是表示自己很少与被害人争吵，但实际上并没有否认自己前一天晚上与被害人发生过争吵。

事实上，陈述者可能平日里确实很少与被害人争吵，但恰恰在前一天晚上与被害人发生了争吵。

他依然没有说谎，但也没有否认自己前一天晚上曾与被害人发生过争吵。

字斟句酌："偷"与"拿"

我们前文提到了一起网吧失窃案。

在对该名被测人进行测谎时，有一道测谎问题是这样的：

"钱包里的钱，是你拿的吗？"

细心的读者已经发现，测谎师在这里并没有使用这种表述方式：

"钱包里的钱，是你偷的吗？"

"拿"和"偷"，表面上是一字之差，背后隐藏的却是深思熟虑。

每一名测谎师，都会有这样的感触：

言语，远比我们想象的更有力量。

当你的女友询问你，她今晚看起来如何时，你只需要真诚地回答"很漂亮"三个字，就可以让她体验到强烈的积极情绪。

相反，当一名学生询问老师，为何自己的成绩始终不好时，老师只需要简单地回答一个"笨"字，就足以让学生垂头丧气。如果这名学生的心理素质再差一些，甚至可能会当场号啕大哭。

从头至尾，老师并没有打过这名学生，甚至没有碰过这名学生。然而，一个简简单单的"笨"字就足以让学生崩溃。

这就是我们的"言语"所表现出的令人难以置信的强大力量。

在正式测谎的过程中，测谎师恰恰是通过"言语"来对被测人施加刺激。也正因如此，对于每一个字的使用，测谎师都必须十分慎重，否则可能会造成测谎误差的出现。

回到那起盗窃案件中。

对于测谎题目中究竟是使用“拿”字，还是使用“偷”字，测谎师谨慎地选择了前者。

原因何在？

“偷”是一个带有明显否定和贬损色彩的字。一提到这个字，我们所联想到的内容，往往就是品德败坏、见不得光。

从这个角度来看，“偷”实际上是一个标签。

也正因如此，如果被测人实际上是一名无辜者，那么当他在听到测谎师向他发问“钱包里的钱，是你偷的吗”时，很可能会因为这个“刺耳”的字眼而产生明显的负面情绪。

有的无辜者甚至可能会产生这样的误解：在测谎师的眼中，其实已经认定自己就是偷钱包的贼。

被测人情绪的不当诱发，显然是测谎师所不愿意看到的。

但“拿”与“偷”则不同。

“拿”是一个中性的字，它本身不包含肯定或是否定的评价，无论是好人还是坏人、好事还是坏事，都同样可能会去“拿”。

正因如此，如果使用“拿”字，由于其本身不带有褒贬色彩，也就可以有效避免无辜者情绪的不当诱发。

对于测谎来说，这自然是十分有利的。

再举一个例子。

嫌疑人甲曾经委托被害人乙加工一批货物。但不久之后，这批加工过的货物出现了严重的质量问题，并给甲造成了巨大的经济损失。为此，甲多次联系乙索要赔偿，但乙始终以各种理由进行推托。

案发当天，甲带着自己的一个朋友丙来到了乙家中。由于甲在乙家中大声吵闹，引起了乙的反感，于是乙明确表示，自己拒绝对甲的损失进行赔偿。

乙的话彻底激怒了甲，双方在被害人的家中发生了肢体冲突。冲突过程中，乙受了伤。

按照乙的陈述，发生冲突的当时，甲和丙一起对他进行了殴打。

但丙辩解称，由于自己刚刚从监狱中刑满释放，并不想再惹事情，所以当甲、乙二人发生肢体冲突时，自己并没有上前参与，而是站在一边进行口头上的劝阻，自始至终都没有碰过乙。

甲的说法也与丙一致，即案发当时，丙并没有参与到冲突之中。

那么，丙究竟是否参与了对乙的殴打呢？

为了帮助弄清这一问题，案件承办人委托测谎师对丙进行测谎。

在这次测谎中，有这样一道题目：

"那天中午，你打乙（被害人）了吗？"

但测谎师考虑到了这样一个问题：如果这名被测人确实没有动手，换句话说，他是被冤枉的，那么这个"打"字对他来说，实在有些敏感。

鉴于此，测谎师将这道题目改成了下面这样：

"那天中午，你跟乙有过身体接触吗？"

这在很大程度上可以避免无辜者不当情绪的诱发。

通过上面这两个例子，相信读者已经能够感受到测谎师在设计测谎问题时的字斟句酌。

事实上，不管是将"偷"替换成"拿"，还是将"打"替换成"接触"，绝不是单纯理论层面上的咬文嚼字。

一字之差，代表的是一种严谨的态度。

三种说谎情绪：恐惧感、罪恶感与快感

谎言与情绪密不可分。当我们说谎时，一些特定的情绪也会随之出现。

事实上，谎言所引发的特定情绪，在一定程度上会帮助测谎师更好地发现和识别谎言。

美国心理学家埃克曼教授曾经提到：

任何情绪的出现，都可能使谎言泄露，而其中有三种情绪是说谎者最难摆脱的。这三种情绪分别是担心谎言被识破的恐惧感、说谎引发的罪恶感和欺骗的快感。

下面，我们就针对这三种与说谎密切相关的情绪来一一进行分析。

但在此之前，需要强调这样一点：

对这三种说谎情绪进行的分析，并非仅仅理论层面的探讨。恰恰相反，如果测谎师能够在测谎实践中对这三种情绪进行有效的诱发和控制，必将极大地提高谎言暴露破绽的可能性。

首先，我们来看第一种说谎情绪——**“担心谎言被识破的恐惧感”**。

很多读者在学生时代可能有过这样类似的经历：自己在做错事情之后，因为担心受到批评而不敢向老师承认。

此时，老师把你单独叫到一边，眼睛直盯着你问道：

“你跟我说实话，这件事是不是你做的？”

你勉强摇了摇头，说道：

“不是我做的。”

老师继续盯着你，说道：

“我知道是你做的，都写在你脸上了。说谎的后果是很严重的，你知道吗？”

你赶忙低下了头，眼神局促地看着地面。

老师注意到了你的反常表现，继续说道：

“你愿意如实说吗？需要我通知你的家长吗？”

你的内心被强烈的恐惧感占据。你的大脑开始飞速运转，想到了谎言被拆穿后会带来的严重后果。你想到，你的父母会被老师叫到学校，并从老师那里知道自己在学校的所作所为；你想到，你做的错事被同学知道之后，他们会慢慢地孤立你，不再与你交往；你甚至想到，因为这件事情，你可能会被学校开除，自己的一辈子可能就这么毁了。

此时，老师也会恰到好处地对你说道：

“我只是想要听你说实话。你现在老老实实告诉我，这件事情我可以不追究。我再问你最后一遍，这件事情是你做的吗？”

这句话成为压垮你心理防线的最后一根稻草。

你意识到，与其等待自己的谎言被戳穿，然后承担严重的后果，还不如主动承认谎言，争取免受惩罚。

于是，你向老师如实承认了自己的所作所为：

“是，那件事情是我做的。”

在上面所举的这个例子中，学生因为说谎时诱发的恐惧感而暴露出了明显的谎言破绽；而老师则借助学生说谎时诱发的恐惧感，引导学生最终如实承认了自己的谎言。

在理解了这一点之后，我们接下来需要思考这样一个问题：

尽管恐惧感会在很大程度上使说谎者暴露破绽，但不可否认的是，在一些特殊的情况下，有的说谎者在说谎过程中并不会体验到明显的恐惧感。

那么，说谎者是否会体验到明显的恐惧感，会受到哪些因素的影响呢？

第一个因素，是**欺骗对象的易欺骗性**。

说谎者面对的欺骗对象，究竟是经验丰富、身经百战的“老司机”，还是天真单纯、初入社会的“小菜鸟”，无疑会在很大程度上影响到说谎者的恐惧感。

在测谎实践中，说谎者与测谎师交谈时，同样会有意识地试探测谎师是否容易被欺骗。

比如，在某些情况下，说谎者会针对一些与案件事实存在关联的其他情节进行编造，借以观察测谎师的反应。如果说谎者认识到，自己所面对的是一名经验丰富、不易欺骗的测谎师，那么说谎者所体验到的恐惧感会出现明显的增强。

第二个因素，是**说谎者的个人因素**。

在说谎这件事情上，个体间的差异其实是很大的。

有的人在说谎时，谎话还没有出口，脸就已经憋得通红，讲话也变得支支吾吾。

这种类型的人，或许天生就不擅长说谎。在他们的人生经历中，说谎的次数屈指可数，并且往往也没有成功的经历。

“我曾经偷拿过同学的一个铅笔盒。后来，班主任在课堂上问是谁拿的，我没有承认。班主任于是对全班同学说，那个铅笔盒是谁拿的，谁的脸就会变红。然后，我的脸就变得通红。老师和同学们都看着我笑了起来。”

当他们说谎时，会体验到更为强烈的恐惧感。他们缺乏说谎的经验，他们的谎言几乎从未成功，因此他们从每一次说谎的经历中得到的都是教训。事实上，就连他们自己心里也清楚，此刻他们正在编造的谎言，最终将被识破。

对他们来说，先前的说谎失败经历增强了他们当下说谎时的恐惧感，而当下说谎时强大的恐惧感又反过来提高了他们认为谎言会被识破的可能性，进而带给他们更多的说谎失败经历。

但有的人在说谎时，就完全不是这样。在编造谎言时，他们表述清晰、神情自然、思维敏捷。不管别人对他们的谎言提出什么样的怀疑，他们总能做出完美的解释和回答，不会暴露出丝毫破绽。

这种类型的人，似乎天生就擅长说谎。他们精于说谎，因为他们明白如何才能让别人相信自己的谎言；他们乐于说谎，因为他们每次说谎都能从中尝到甜头，得到好处；他们敢于说谎，因为他们的谎言总是能够成功骗过他人，他们对说谎充满信心。

第三个因素，是**惩罚的严重性**。

谎言有大有小，所受到的惩罚自然也是有轻有重。

比如，你不小心摔碎了母亲的手镯，但在母亲质问你时，你却撒谎说与你无关。那么，即使最后你的谎言被拆穿，你所受到的惩罚充其量就是母亲的一番责骂，或是受一顿皮肉之苦。

至少，你不会面临事关自由甚至生死的惩罚。

但有的谎言则不是这样。

比如，你因一时冲动而犯下血案。在接受问话时，你撒谎说这件事情不是你做的。

此时你说谎，显然要比先前对母亲说谎时承受更大的心理压力。因为你心里清楚，如果你的谎言被识破，那么所造成的后果将是毁灭性的。而这种使你感到冷汗直流的严重后果，也必然会使你体验到更为强烈的恐惧感，从而更容易暴露出说谎的破绽。

在这里，我想补充说明一点。

对于说谎者而言，如果谎言被识破所带来的惩罚极其严厉，那么由此给说谎者带来的强烈恐惧感，自然更容易导致说谎者在多个方面暴露出说谎的破绽。但是，此时如果想要引导说谎者如实承认自己的谎言，那将是一件十分困难的事情。

换句话说，**“识破谎言”**与**“承认谎言”**，是两个不同的概念。

如果惩罚的后果并没有那么严重，那么我们在识破谎言后，也许会较为容易地引导说谎者承认谎言，进行如实的陈述。在老师与犯错的学生、父母与犯错的孩子之间，我们常常可以看到类似的情形。

“如果你跟我说实话，那么这件事情我就不继续追究了。”

“这件事情我也不想让其他人都知道，如果你对我坦诚，那么我们大事化小，小事化了。”

……

但当惩罚的后果极其严重时，即使说谎者内心十分清楚，自己的谎言其实早已被识破，也很难如实承认谎言。

其次，我们来讨论第二种说谎情绪——**“说谎引发的罪恶感”**。

一名证人目击了被害人被殴打致死的整个经过，由于担心事后会遭到行凶者的打击报复，因此在接受询问时，他选择了隐瞒真相。

但到后来，一方面是出于办案人员耐心的劝说和教育，另一方面是出于自己内心的强烈不安，这名证人最终还是如实讲出了当时发生的一切。

而在进行了如实陈述后，这名证人也表示，先前自己的内心一直在遭受着强烈的自我谴责。

“（说假话的）滋味儿不好受啊。那段时间，我看到他家里的人都绕着走，不敢跟人家打招呼，对不起人家。胃口是一点儿也没有，睡觉就更别提了……”

这些痛苦的感受，正是来源于说谎所诱发的罪恶感。这种罪恶感纠缠着说谎者，也在折磨着说谎者，使说谎者最终难以忍受。

说谎者在编造谎言时所体验到的罪恶感，无疑有利于我们对谎言进行更好的识别。但是，并不排除存在着这样一些谎言，即当说谎者在编造这些谎言时，并不会体验到明显的罪恶感。

一个典型的例子，是医生对病人的谎言。

在确诊病人已经得了某种十分严重的疾病时，医生由于担心病人承受不了打击，同时也希望病人能够保持良好的精神状态与疾病抗争，因此会对病人谎称他得的并不是什么大病，只要好好治疗，完全可以康复。

此时，医生对病人撒谎了，但显然医生并不会因为这个谎言而体验到强烈的罪恶感。这是因为，这种谎言是被道德许可的谎言，也是一种利他的谎言。

回到测谎实践中。

在司法领域的测谎实践中，这种被道德许可的谎言通常是不存在的。但是，测谎师需要对另一种情形给予充分注意。在这种情形中，说谎者同样可能并不会体验到明显的罪恶感。

举个例子。

嫌疑人是一名网络工程师，离职后偷偷对原公司的后台数据进行了修改，并进行非法牟利。

但嫌疑人到案后，拒不承认自己的犯罪行为。为了帮助进一步查明事实真相，案件承办人委托测谎师对这名嫌疑人进行测谎。

在测前谈话阶段，测谎师与这名被测人的部分对话如下：

测谎师：现在做什么工作？

被测人：没有工作。

测谎师：为什么从原来的公司离职？

被测人：公司换了领导，一直排挤我们这些人，大家都干得很不爽。与其待在那里受气，还不如辞职。

测谎师：看来你离职时也不顺心。

被测人：我在公司干了六七年，也算是老员工了。离职的时候，说走就走了，什么都没有。

……

测谎师：关于这件事，你怎么看？

被测人：我没做过。这件事……原来公司里面有人就这么干过，我太清楚了。公司对这事，之前也是睁一只眼闭一只眼。其他人通过这个办法也没少捞钱。现在可好，公司不去追究他们的责任，反而要来追究我的责任。

……

在这段对话中，被测人说自己“没有做过”是假话，但他依然可能体验不到明显的罪恶感。

第一，这名被测人认为，公司对自己十分不公，自己是因为受到排挤才离开公司。

第二，这名被测人认为，这种捞钱的勾当，公司其他人也做过。但现在公司竟只来追究自己的责任，因此认为公司是故意要整治自己，进而表现出了明显的怨恨。

鉴于此，说谎者很可能会因为自己先前所遭受的委屈和不公而试图将自己的犯罪行为自我合理化成一种正当、合理的行为，从而极大地弱化说谎带来的罪恶感。

比如，这名被测人很可能会进行这样的自我合理化：

“我修改后台数据牟利，那只是拿回了我应得的。公司亏欠我的，我只能自己拿回来。公司现在单单来追究我的责任，那是公司对不起我。”

在这种“合理化”的作用下，说谎者的罪恶感将不复存在。

此时，测谎师应当在第一时间告知被测人：

“今天通过测谎来核实的问题，是你有没有通过修改后台数据的方式获取利益。至于公司之前是否亏欠过你，公司的其他人是否也曾经做过类似的事情，与你有没有用这种方式获取利益，是几件相互独立的事情。换句话说，如果公司对你不公平，那公司是不对的；如果其他人也用这种方式弄过钱，那么其他人的做法也是不对的。但是，如果你也用这种方式弄过钱，那么你的做法也是不对的，是违法的。你不要把这三者混为一谈。”

在上面这个例子中，说谎者认为自己受到了公司不公平的对待，并借此来弱化甚至消除说谎所诱发的罪恶感。但是，实际办理过测谎案件的测谎师应当还会经常遇到这样一种情形，那就是即使他人不存在任何的过错，说谎者依然会想方设法地进行自我合理化，从而减轻说谎带来的罪恶感。

一起寻衅滋事案件，嫌疑人挑起事端，与被害人发生争执，并打伤了被害人。后来，嫌疑人谎称是被害人挑起了事端，自己只是出于自卫才进行的反击。

在这起案件中，被害人实际上并不存在任何过错。但当嫌疑人编造谎言时，由于整件事的过错完全在于自己，因此他将会体验到强烈的罪恶感。鉴于此，尽管这名说谎者没有任何正当的理由和借口，却依然会想方设法地进行自我合理化，试图弱化说谎所诱发的罪恶感。

“他挨打就是活该，我骂他几句怎么了？不就是骂他几句吗？他要是不骂我，我就不会那么生气，更不会动手。是他自己找打，错不在我。”

最后，我们来讨论第三种说谎情绪——**“欺骗的快感”**。

与恐惧感和罪恶感不同，欺骗的快感是一种正性的情绪。

换句话说，欺骗的快感是说谎者在说谎过程中体验到的一种愉悦的感觉。

比如，你与你的同事一直以来都看不惯某个领导的为人处事。某天，你趁领导离开，在他的座位上粘了一块口香糖。

当领导发现这个恶作剧时，他大喊着你的名字，质问是不是你把口香糖粘在了他的座位上。

你理直气壮地看着他，然后说，不是。

领导被你气得火冒三丈，而周围的许多同事已经忍不住发出了哄笑声。

你一边看着恼羞成怒的领导，一边看着拍手叫好的同事，心里不由得更加得意。

此时你撒谎了，但你却并未体验到明显的恐惧感和罪恶感。相反，你体验到的是一种欺骗的快感。

在这里需要强调一点：欺骗的快感、恐惧感、罪恶感是伴随谎言而出现的三种情绪，但这三种情绪之间，其实也存在着一种动态转化、此消彼长的关系。

举个例子。

甲私下收受回扣，后东窗事发。但在接受调查时，甲一口咬定，自己是清白的。

此时，甲说了谎。由于甲自认为在这件事情上处理得非常巧妙，没有留下任何痕迹，反而将他人骗得团团转，因此甲在说谎时体验到了欺骗的快感，而几乎没有体验到任何恐惧感和罪恶感。但甲很快发现，通过深入细致的工作，调查人员已经掌握了甲收受回扣的大量证据。此时，甲因为担心谎言被识破而体验到了强烈的恐惧感，欺骗的快感变得荡然无存。同时，甲开始反思自己的所作所为，想到自己为了金钱而放弃了原则和立场，现在又来编造谎言企图逃避惩罚。鉴于此，甲体验到了强烈的罪恶感，这使得甲饱受煎熬，并最终如实承认了自己的谎言。

由此可见，我们不应将这三种情绪割裂开来，而是应当从动态的视角，综合把握三种情绪之间的相互转化和此消彼长的关系。

言语刺激：提前告知的必要性

正式测谎阶段，在使用某一套测谎题目对被测人进行正式发问之前，测谎师会把这套题目所包含的具体问题向被测人进行提前告知。

换句话说，在使用某一套题目对被测人进行正式发问之前，被测人通常会知晓自己将要被问到的问题。

来看下面这段对话。

测谎师：关于那个假印章究竟是谁找人刻的，我们刚才谈了很长时间。你跟我讲了这件事的具体经过，我也听明白了你所说的内容。现在我需要再问你，刚才你跟我讲的，有需要补充，或者需要修正的地方吗？

被测人：没有。

测谎师：接下来我要向你发问的问题，都是刚刚我们已经讨论过的问题，你也已经进行了明确的表述和回答。现在，我把这些问题告知你，你来思考一下这些问题有没有不懂的地方。如果有，我们再进行讨论和修改。

被测人：好的。

（测谎师将问题一一告知被测人）

……

测谎师：这些问题里面，有你不理解的问题吗？

被测人：没有。

测谎师：有你不知道怎么回答的问题吗？

被测人：没有。

测谎师：有你不习惯的表述吗？

被测人：没有。

……

上面这段对话，是在测谎实践中比较常见的对话。简单来说就是：

在对某一套测谎题目进行正式发问之前，测谎师会告知被测人他将会被问到的具体问题，并针对这些问题在编制上是否存在需要修改之处，与被测人进行沟通和确认。

测谎本质上是一个心理学实验。从实验心理学的角度来看，这其实是测谎师为了更好地控制和消除实验误差而有意采取的一项措施。

测谎师采取这一做法，主要作用有以下几点。

作用一：确保被测人充分理解每一个问题的准确含义，避免被测人对题目的含义出现理解错误。

在测谎中，刺激是以"言语"的形式来进行呈现的。测谎师通过向被测人发问特定的问题，从而向被测人施加心理刺激。但不可否认的是，"言语"又确实是一种极易产生歧义的刺激方式。这一点，相信每位读者在日常的工作和生活中都有深刻体会。

正因如此，测谎师在对被测人进行正式发问之前，会向被测人提前告知将要发问的特定问题，以确保被测人对于每一个问题的理解都是清晰和准确的。

这是测谎结果准确的基本前提。如果被测人连对问题的理解都存在偏差，那么我们又如何能期待测谎的结果是具有说服力的呢？

作用二：确保问题的表述方式符合被测人的文化层次和表述习惯。

被测人的文化层次和表述习惯不同，决定了其对同一件事情、同一种事物、同一个动作的表述，很可能会和测谎师存在明显的不同。

而如果测谎师在提问时所使用的"言语"表述方式，与被测人平日里所使用的"言语"表述方式存在的差异过大，那么将极有可能对被测人生理指标的反应变化产生微妙影响。

尤其是，当测谎师奔赴异地办理测谎案件时，在编制测谎题目的过程中更应当关注测谎题目的具体表述方式，充分考虑与当地的习惯表述之间存在的差异。

作用三：缓解诚实者的紧张焦虑。

我曾在《解剖谎言：测谎师办案手记》一书中反复提到，无论是诚实者还是说谎者，当他走进测谎室时，内心都会产生紧张和焦虑。

如何缓解诚实者的紧张和焦虑情绪，测谎实践中有着许许多多的方法。在对被测人进行正式发问之前，将所要发问的问题提前告知被测人，就是其中一种非常有效的方法。

一名被怀疑为作案人的无辜者，当他走进测谎室时，心里经常会这样犯嘀咕：

“我是无辜的，我说的都是真的。对于今天的测谎，我也有信心能证明我的清白。如果测谎师问我，昨天晚上我见过那个人吗，那个人的死跟我有关吗，我当然可以坦然做出否定回答。但是，测谎师会不会还要问我一些其他问题？他还会问哪些问题？如果其他的问题我不知道怎么回答，或者回答得不对，测谎结果会不会认定我说了假话？”

对于初次接受测谎的诚实者而言，这是再正常不过的一种心理活动。当测谎师把将要发问的问题向其一一告知后，诚实者的心理活动也将发生明显的变化：

“这些问题我都非常清楚该如何回答，我只需要坦然作答就可以了。就像测谎师所说的，是就是，不是就不是，实事求是地回答就好了。”

自我合理化：她反抗了吗？

在上一篇文章中我们提到，测谎实践中，在对被测人进行正式发问之前，测谎师会把将要发问的问题向被测人进行提前告知，从而对可能存在的测试误差进行控制和消除。

但在这个过程中，测谎师需要留意说谎者的这样一种常见伎俩：

> 说谎者有意从主观上试图去混淆测谎问题中的一些重要概念，进而通过内心的自我合理化，给测谎结果的判断制造困难。

这需要引起测谎师的充分注意。一方面是因为这种伎俩在测谎实践中较为常见，另一方面则是因为这种伎俩相对不易觉察。

举个例子。

一起强奸案件，嫌疑人一直对被害人存有非分之想。某晚，两人因工作原因入住同一酒店，嫌疑人随后借故将被害人叫到自己的房间。在自己的房间内，嫌疑人强行与被害人发生了关系。被害人随后报警。

嫌疑人到案后辩称，自己根本不是强奸。案件承办人委托测谎师对本案的嫌疑人进行测谎。

以下为测谎师与嫌疑人在测前谈话阶段的部分对话。

测谎师：你们两个当时是在哪里发生关系的？

被测人：在我的房间。

测谎师：你房间的什么位置？

被测人：我房间里面的卧室。

测谎师：她怎么进的卧室？

被测人：我拉她进去的。

……

测谎师：接下来的正式测谎阶段，我会问你这样一个问题："发生关系当时，她反抗了吗？"这样表述，你能理解吗？

被测人：能。没反抗……我觉得她没反抗。

测谎师：我需要向你澄清一点。"她没反抗"和"你觉得她没反抗"，是两个不同的概念，你能明白吗？

被测人：嗯。

测谎师：换句话说，刚才这个问题要核实的，是她当时究竟有没有反抗的言语和动作，而并非你个人感觉她有没有反抗，能理解吗？

被测人：能……

测谎师：接下来我再解释一下，什么是“反抗”。对于发生关系当时，什么是“反抗”，你作为成年人应该不难理解。比如，两个人发生关系时，女性用胳膊肘往外推男性，不让男性控制自己；比如，女性用手拉住自己的内衣内裤，不让男性拽下来；比如，女性用膝盖往外顶男性，不让男性的生殖器进入。这些，是反抗行为吗？

被测人：是。

测谎师：再比如，女性在言语上说让男性停止，让男性住手之类的话，或者女性曾经大声呼叫、求救等。这些，都是反抗行为的表现，是吗？

被测人：是。

测谎师：相反，如果我们讨论的这些反抗行为都没有，女性在意识清晰的状态下，动作上没有反抗的表现，言语上也没有反抗的表现，那么就是没有反抗的。你能理解吗？

被测人：能……

最终，对这名被测人的测谎结果显示，他说谎了。事发当时，被害人确实存在明显的反抗行为。

在上面这段对话中，被测人作为一名说谎者，一直在试图从主观上故意混淆两个重要的概念：“我感觉她没有反抗”和“她实际上没有反抗”。

这是说谎者的一种常见伎俩。当他被问到“发生关系时，她反抗了吗”时，内心会进行这样的“自我合理化”：

“总之我觉得，她就是没反抗，不然我也不能成功。再说了，她既然那么晚都答应来我的房间，那还有什么反抗的呀？”

通过这种不易觉察的自我合理化，说谎者在试图给测谎结果的判断制造困难。

但测谎师敏锐地发现了这一点。

测谎师立即进行了有针对性的详细解释，明确区分了“我感觉她没有反抗”和“她实际上没有反抗”这两个概念之间的重要区别，并与说谎者详细讨论了“反抗行为”的具体表现，阻断了说谎者进行自我合理化的可能性，使得说谎者弱化其内心冲突的企图无法得逞。

最终，这名说谎者的谎言清晰地展现在了测谎师面前。

知觉恒常性：“不是问题”的问题

问：当时是什么时间？

答：晚上九点钟左右吧。

问：那个时候，天黑了吗？

答：是的。

问：你当时离那两个人的位置有多远？

答：不远，几十米吧。

问：你看清那两个人了吗？

答：看清了。当时他们两个站在路灯下面，我看得比较清楚。

问：那两个人的体型特征，说一下。

答：一个高一些，得一米八左右，身材挺魁梧的，留着平头。另一个一米七左右吧，要更胖一些，也是留着平头。

问：他们两个的穿着打扮？

答：高一点的男的，穿一件深红色的夹克，下身穿一条深色的裤子；另一个矮一些的男的，我记不太清楚了，也是穿的深色的衣服。

问：他们手里有拿东西吗？

答：没有，没看到他们拿什么东西。

……

这是一名证人接受询问时的回答。

简单来说，这名证人通过回忆，描述出了两名嫌疑人的身材相貌和穿着打扮。

测谎实践中，测谎师也会要求被测人对案发当时的具体情形进行详细的描述。

很多时候，我们会理所当然地认为，案件当事人是有能力对案发当时的具体情形进行准确描述的。但在这一部分，我们首先从这样一个看似“不是问题”的问题入手：

“案件当事人为什么能够准确地描述案发当时的真实情形？”

比如：

“与两名嫌疑人间隔几十米，他是怎么判断出两名嫌疑人的真实身高的？”

“在路灯的照射下，他是怎么辨认出两名嫌疑人衣服的真实颜色的？”

事实上，如果我们的知觉不具有恒常性，那么案件当事人就无法准确地还原出案发当时的真实情况。

所谓知觉恒常性是指：

当客观条件在一定范围内发生改变时，我们的知觉映像却在相当程度上保持着它们的稳定性。

具体来说，知觉恒常性又可以分为以下几类。

第一，大小的知觉恒常性。

当我们从不同的距离去观看同一个物体时，物体落在视网膜上成像的大小其实是有变化的。具体来说，当我们与物体之间的距离大时，物体在视网膜上的成像就较小；相反，当我们与物体之间的距离小时，物体在视网膜上的成像就较大。

但是，我们所知觉到的物体的大小，并不完全取决于物体在视网膜上成像的大小。实际上，我们所知觉到的物体的大小，总是会趋向于物体的真实大小。

此时，我们所依靠的就是大小的知觉恒常性。

具体到上面这个例子中，按照这名证人的陈述，当时自己与两名嫌疑人之间距离有几十米远。鉴于此，两名嫌疑人的影像在证人视网膜上的成像应当较小。但尽管如此，证人仍然能够准确地判断出其中一名嫌疑人身高一米八左右，另一名嫌疑人身高一米七左右。

第二，颜色的知觉恒常性。

它具体是指，当物体的颜色因为光照条件的改变而发生改变时，我们对物体的颜色知觉仍然保持着相当程度的稳定性。

比如，当我们在正常光照条件下看到一件黑色衬衣时，我们可以很容易地判断衬衣的颜色为黑色；而当光照条件发生改变时，我们依然能够知觉到这是一件黑衬衣。

具体到上面这个例子中，按照这名证人的陈述，尽管案发当时，两名嫌疑人站在路灯下，处于路灯的灯光之中。但是，这名证人依然准确地知觉到了两名嫌疑人所穿衣服的颜色。如果没有颜色的知觉恒常性存在，那么证人对于嫌疑人当时所穿衣服颜色的知觉，将完全失去准确性。

第三，形状的知觉恒常性。

形状的知觉恒常性是指，当个体观察物体的角度发生变化时，物体在视网膜上的影像也会发生改变。但是，个体对于物体形状的知觉却保持相对不变。

比如，当我们观察一个篮筐时，如果从上往下观察，篮筐在视网膜上的投影应当是圆形的。如果我们改变观察的角度，从旁边对篮筐进行观察时，篮筐在视网膜上的影像可能会是椭圆的。

尽管我们从不同角度对篮筐进行观察时，篮筐在视网膜上的投影形状会有所不同，但我们依然会知觉到它的形状是圆形的，这就源于形状的知觉恒常性的存在。

第四，方向的知觉恒常性。

方向的知觉恒常性是指，个体不因身体部位或者视像方向的改变，而导致知觉到的物体的实际方位发生改变。

比如，在日常生活中，我们并非始终站立着观察和感知面前的事物。有的时候，我们是在弯腰、侧身甚至是倒立的状态下观察和感知事物。当我们在倒立状态下对物体进行观察时，物体的上下左右全部颠倒了。但是，此时我们依然会准确地知觉到物体真实的方位特征。

事实上，方向的知觉恒常性的存在，有时会使我们在对物体的细节信息进行感知时，出现一些不易觉察的疏漏。

比如，给个体呈现两幅倒置的人脸图片。这两幅图片乍看起来极其相似，但实际上存在着一个细微的不同。具体来说，在第一幅图片中，人的眼睛和嘴巴是朝上的；而在第二幅图片中，人的眼睛和嘴巴是朝下的，看起来十分不协调。

然而，只有极少数个体能够迅速地知觉到这两幅图片之间存在的差异。这在很大程度上，就是方向的知觉恒常性的作用。

以上所讨论的是知觉的恒常性。总的来说，得益于知觉恒常性的存在，案件中的当事人才能够准确地描述出案发当时的真实情形。

下面，我们继续来讨论另一个问题：

在知觉的过程中，我们又是如何对接收到的大量信息进行组织和整合的？

首先需要说明的是，我们的知觉过程绝非一个完全被动的过程。相反，知觉过程是我们依据主观经验，积极整合信息、形成猜想、寻求验证的一个主动过程。

举个例子。

你走在路上，远处迎面走来一个人。因为你们之间的距离太远，所以你并没有能够看清他的相貌。但是，你有一种熟悉的感觉，他看起来有些像你的一个多年未见的老同学。

于是，你使劲揉了揉眼睛，一边继续往前走，一边仔细打量着那个人。

你们离得越来越近，你也慢慢地看清了他的相貌。你发现你认错了人，那个人并不是你的老同学。

在这个例子中，你的知觉过程并非完全被动地接收零散的碎片信息。相反，你依据主观经验，主动地对碎片信息进行整合，形成了自己的猜想，并在此基础上积极寻求对最初预判和猜测的验证。

下面我再举一个“错误知觉”的例子。这个例子同样可以证明，我们的知觉过程并非一个完全被动的过程。

你参加了学校组织的运动会，并且顺利进入了短跑决赛。你站在起跑线前，和其他比赛选手一起弯下腰，进入了预备状态。

你竖起耳朵，聚精会神地等待着发令枪的枪响。突然，场外不知道什么东西发出了“嘭”的一声。

此时，你像一支离弦的箭，冲了出去。

在这个例子中，你出现了知觉错误。具体来说，你把场外发出的声音错误地知觉为发令枪发出的声音，从而出现了抢跑。此时出现知觉错误的原因，就在于主观上的期待极大地影响了你知觉到的内容。

在理解了知觉是一个主动的过程之后，下面我们继续来聚焦这个问题：我们在知觉过程中是如何对接收到的大量信息进行组织和整合的。

关于这一问题，格式塔心理学派曾经做过大量的研究。通过对这些研究成果进行总结，我们对于知觉的组织和整合原则也会有更加清晰的认识。

知觉的第一个组织原则，是**相似性原则**。

具体来说，在大小、形状、颜色等方面存在相似的物体，将更容易被知觉为一个整体。

比如，一名目击者在案发当时看到四个人在工地上发生了冲突，其中有三个人穿着统一的保安制服，另外一个人则穿着一件白衬衫。那么，目击者将更可能将三个穿着保安制服的人知觉为一个整体，并且可能会想当然地认为，这应当是三名保安与另一名男子之间发生了冲突，而不会首先想到这是其中一名保安与另外三人之间发生了冲突。

知觉的第二个组织原则，是**相邻原则**。

具体来说，在空间上彼此更加接近的刺激物，将更容易被知觉为一个整体。

比如，一名目击者在案发当时看到现场站着五个人，其中四个人站得比较近，另一个人站在离那四个人几米远的地方。那么，目击者更有可能将四个站在一起的人知觉为一个整体，而将另一个站在对面的人知觉为那四个人的对立方。

知觉的第三个组织原则，是**接近原则**。

具体来说，如果两个事物在空间上相邻或者时间上连续，那么将会造成我们对二者之间的因果关系产生知觉。

讲到这里，就不得不提到恐怖的**“滴血实验”**。

在“滴血实验”中，残忍的操作者首先将受害者的眼睛蒙上，并把受害者的身体固定在椅子上，然后在受害者右手下方的地面上放置一个水盆。

接下来，操作者用一把刀子划破受害者的手腕，然后拧开一个滴水装置，使用这个滴水装置来模仿血液滴落到水盆中的声音。

由于自始至终被蒙住了眼睛，所以受害者并不知道自己所听到的“滴答”声其实是水滴到盆中的声音。可怜的受害者始终认为，自己所听到的“滴答”声是自己被割破手腕后，血液滴进盆中的声音。

而实际上，受害者被割破的手腕早已经停止了流血。

一段时间过去了。随着“滴答”声的持续，受害者感到自己身上的血液似乎快要流干，自己好像快要死了。

最后，这名可怜的受害者真的死了。

毫无疑问，这是一个灭绝人性的实验。我们可以看到，操作者在这里有意将“割手腕”和“滴答”声在时间上连续呈现，从而使受害者错误地对这二者之间的因果关系产生了知觉，进而绝望地相信，这“滴答”声就是他流血的声音，而他很快就将因失血过多死亡。

知觉的第四个组织原则，是**“背景—图形关系”原则**。

个体每时每刻都在接收着外界的各类刺激信息，但在一定的时间内，我们的感知觉器官所能接收到的信息是有限的。此时，一些能够吸引我们注意的刺激就会从众多的刺激中“跳”出来，成为我们所关注到的“图形”，而那些没有引起我们注意的刺激，就变成了“背景”。

比如，当你走进一所大房子，你在第一时间无法注意到这间大房子里的所有物品。但是，如果你是一名音乐爱好者，那么你可能首先会注意到屋子中间放置的那架钢琴，此时屋内的其他物品共同构成了你知觉的“背景”。而如果你是一名古玩爱好者，那么你可能首先注意到柜子里陈列的一些老物件，此时屋内的其他物品共同构成了你知觉的“背景”。

这其实也给测谎师带来一个重要的问题，那就是不同的被测人即使处于相同的场景之中，他们所知觉到的“图形”与“背景”也可能各不相同。而知觉到的“图形”与“背景”的不同，又会对被测人的记忆痕迹产生直接影响。

这也成为测谎师在思路设计、题目编制和结果解释的过程中，必须考虑的一个重要因素。

虚假否认：中性词汇与负性词汇

我曾在电视上看到过这样一则新闻：一对夫妻原本也是老实人，但两人双双下岗之后，没了收入来源，孩子又需要花费。于是，这对夫妻动起了歪心思。

最终，两人将犯罪的手伸向了独居在家的老年人，开始专门针对独居的老年人实施入室盗窃。

按照这对夫妻的供述，他们实施入室盗窃的步骤是这样的：

首先由妻子冒充志愿服务人员，上门陪老人聊天。在确认老人是独居在家后，妻子会告诉老人，可以帮老人进行按摩理疗。

在征得老人同意后，妻子会借口称去洗手间，趁这段时间给等在楼下的丈夫发信号。

接下来，妻子趁老人不注意，偷偷地把门打开一条缝，然后走回老人身边。

很快，收到信号的丈夫就来到了老人的家门口。此时，妻子故意用身体挡住门的方向，一边跟老人聊天，一边分散老人的注意力。

丈夫在没有被老人察觉的情况下，顺利地进入屋内，开始小心翻找屋内值钱的财物。而妻子则负责稳住老人，避免丈夫的盗窃行为被发现。

后来，这对“雌雄大盗”在一次实施入室盗窃的过程中，被当场抓获。

电视上的这则新闻里，有一段对这位丈夫的询问。大致如下。

问：你们是怎么想到这种作案手段的？

答：最早是她想到的，我们商量以后觉得应该能成。

问：你们两个是怎么分工的？

答：我们事先确定好哪一户，她先上楼去敲老头儿老太太的门，我就在楼下等着，等她给我发信号。

问：她怎么给你发信号？

答：就是给我手机上发一条空白信息。

问：这个空白信息的意思是什么？

答：就是让我上去。

问：让你上去干什么？

答：上去拿东西……就是说东西可以拿。

问：然后呢？

答：然后我就上楼，进到那一户里面，把能拿的东西拿走，然后就出来。

……

仔细阅读这段对话，我们会发现一个很有意思的现象：这名作案人在供述自己犯罪行为的过程中，始终没有提及“偷”。他所使用的词，其实是“拿”。

我在前文中提到过，在测谎实践中，测谎师为了避免不当诱发无辜者的负面情绪而将测谎题目中的“偷”字换成“拿”字。这是测谎师为了最大限度地控制和消除测试误差，有意采取的措施。

但事实上，本案的作案人在供述自己的犯罪行为时，同样有意将“偷”与“拿”进行替换。

我们应当认识到，尽管这名作案人实施了入室盗窃的犯罪行为，并且如实供述了整个作案过程。但是，这并不代表作案人在认知上已经把“盗窃”认可为一种正当合法的行为。

换句话说，尽管他实施了“偷”的行为，但在他的认知里，他仍然清楚地知道这种行为是错误的，是违法的。

于是，这名作案人不可避免地面对这样一对尖锐的矛盾：一方面，他内心清楚“偷”的行为是不对的；而另一方面，他又亲自实施了“偷”的行为。

正因如此，当他在描述自己的所作所为时，才会始终避免提及“偷”这个字。

针对作案人的这一心理特点，许多审讯专家也提出了这样一种实用的甄别方法：

“真正的作案人更多地会使用一些中性的词汇来进行虚假的否认，而无辜者则更多地会使用一些负性的词汇来进行直接的否认。”

记忆混淆：三次殴打

记忆痕迹的存在，是测谎的大前提。

如果被测人对于某件事情本身的记忆痕迹已经模糊甚至消失，那么测谎师将会慎重考虑是否对其进行测谎。

通常，如果个体在事情发生当时处于意识清醒状态，并且事情是在不久之前刚刚发生的，那么个体对于这一事件应当会保持着相对清晰的记忆痕迹。

但有时也会有例外。

比如，在测谎实践中，当相似的事件在时间上连续出现时，将可能造成被测人的记忆痕迹出现混淆，进而影响到测谎的准确性。

举个例子。

被害人因为受到了不公平的对待而迁怒于自己的工头。这天晚上，被害人借着酒劲儿来到了工头的住处，在工头宿舍外的院子里大声叫骂起来。

此时，工头正与司机在宿舍里聊天，听到被害人在外面大骂自己，不由得十分恼火。

还没等工头做出反应，司机迅速站了起来，推开宿舍门走了出去。

来到院子里，司机几步走到被害人面前，对被害人实施了殴打。

工头从屋里探出头来，目睹了司机殴打被害人的整个过程。

然后，司机拽住被害人，把他拖出了院子，并反锁上了门。

司机回到屋内，继续跟工头聊天。

过了一会儿，司机再次走出屋子，打开院门，把在院外的被害人拖了进来。

在院子里，被害人大骂司机，并且用力抓住司机的衣服不放手。司机恼羞成怒，在院子里再次对被害人实施殴打。

工头此时站在屋子门口，再次目睹了司机殴打被害人的整个过程。

在又一次挨打之后，被害人踉踉跄跄地走进旁边的一间屋子，关上了房门，然后就没了动静。

司机以为事情应该就这么消停了，于是再次回到工头的宿舍内。

到了后半夜，司机准备回自己的房间睡觉。工头也站起了身，准备到院子里洗漱。

就在此时，隔壁屋的门开了，被害人从那间屋子里走了出来。他走到院子里，又开始大骂工头和司机。

工头和司机都让被害人折腾得火大，于是司机第三次走出房间。

在院子里，司机第三次对被害人进行了殴打。

工头站在屋子门口，第三次目睹了司机殴打被害人的整个过程。

第二天清晨，被害人的尸体被人发现，他仰面倒地造成了颅底骨折，并最终导致了死亡。

案发当晚，司机前后对被害人实施了三次殴打。为了进一步查明案件事实，办案人员需要向工头核实每一次殴打过程的具体情形。

如果换作其他情形，那么案件当事人也许能对殴打过程的具体情形保持相对清晰的心理痕迹，但在这个案件中，工头在回答这个问题时，就不那么容易了。

原因在于，尽管工头全程目睹了被害人遭受殴打的过程，但由于三次殴打在过程上高度相似，在时间上连续发生，因此工头的记忆出现了很大程度上的混淆。

比如，在陈述第三次殴打的具体情形时，这名工头表示，在第三次殴打的过程中，被害人头部并没有着地。

但这名工头随后又表示，当第三次殴打结束后，被害人离开现场时，自己好像看到地上有一小摊血迹。所以，被害人在第三次遭受殴打时应当是头部着地受了伤。

很快，这名工头又对自己先前的说法进行了“纠正”。他在仔细回想之后，记起被害人在遭受第二次殴打时，自己曾经看到司机把被害人一脚仰面踹倒在地。自己应该是在第二次殴打结束后，看到地上的那摊血迹的。

然而，这名工头在进一步的回想之后，又记起自己应该是在被害人第一次遭受殴打时，看到被害人被仰面踹倒在地。

最终，这名工头只能无奈地表示，自己并不能确定每次殴打过程的具体情形。

换句话说，这名工头的记忆痕迹出现了混淆。

鉴于此，对于测谎师来说，如果一起案件中存在时间上相近、内容上相似的数起事件，那么在测谎的过程中，测谎师一定要对被测人可能出现的记忆痕迹混淆予以充分的考虑。

额外变量：几种常用的控制方法

一次成功的测谎，离不开对额外变量的有效控制。

所谓额外变量，是指除了自变量以外，能够对个体的心理过程和行为表现施加影响的有关因素。由于额外变量可能会造成实验误差的出现，因此在测谎实践中，测谎师必须对额外变量进行有效的控制。

在这一部分，我们将目光聚焦于额外变量，系统地介绍实验心理学中几种常用的额外变量控制方法，以帮助测谎师进一步完善测谎的设计思路。

实验心理学中第一种常用的额外变量控制方法，是**排除法**。

所谓排除法是指：

在实验设计的过程中，把额外变量从实验中直接排除出去，从而消除可能对实验结果造成的不利影响。

比如，为了防止灯光的亮度对被试造成影响，并进而干扰最终的实验结果，实验设计者会安排被试全部在暗室中接受实验，从而将“灯光亮度”这一额外变量直接排除在实验之外。

再比如，为了防止噪声的强度对被试造成影响，并进而干扰最终的实验结果，实验设计者会安排被试全部在隔音室中接受实验，从而将“噪声强度”这一额外变量直接排除在实验之外。

排除法的思路简单直接，但仍存在一个重要的问题，就是这种方法尽管可以有效排除额外变量的影响，但使用排除法所得到的实验结果缺乏推论的普遍性。

比如，在暗室中、隔音室中所得到的实验结果，是否能够准确预测出个体在日常生活中和工作中的心理过程和行为表现，是值得商榷的。

实验心理学中第二种常用的额外变量控制方法，是**恒定法**。

所谓恒定法是指：

当额外变量很难消除或者根本无法消除时，将额外变量在实验过程中设定在相对恒定的水平，从而排除其变化对实验结果造成的干扰。

诚然，消除法可以有效排除额外变量的影响，但在很多实验情境中，想要消除额外变量其实是一件十分困难的事情。在这种情况下，实验设计者就可以通过使用恒定法，对额外变量进行有效控制。

比如，如果在实验情境中无法完全消除噪声给被试造成的影响，那么实验设计者可以借助仪器来发出恒定的噪声，从而对“噪声强度”这一额外变量进行有效控制。

但在使用恒定法对额外变量进行控制时，仍然会存在一个问题，那就是在使用恒定法进行实验时，所得到的实验结果不能直接适用于恒定水平外的其他水平。比如，实验设计者为了对“性别”这一额外变量进行有效控制，而使用恒定法将参与实验的全部被试均安排为男性。那么，这一实验所得到的研究结果将不能直接推广到女性身上。

实验心理学中第三种常用的额外变量控制方法，是**等组匹配法**。

所谓等组匹配法是指：

实验设计者根据被试某些方面的特征将被试进行配对，然后将每对中的两个被试随机分配到实验组与对照组中。

比如，实验设计者想要研究某种新型授课方式对学生学习成绩的影响。由于被试在接受这种新型授课方式之前的学习成绩不同，因此如果直接进行实验，必将会影响实验结果的准确性。鉴于此，在进行正式实验之前，实验设计者首先对所有被试的学习成绩进行了一次测试，并根据测试结果将成绩相近的被试进行两两配对，然后将每对中的两个被试随机分配到实验组与对照组之中。这就是等组匹配法的一个例子。

等组匹配法的主要缺点在于，如果需要匹配的特征数量超过一个，实验设计者可能会顾此失彼，从而很难进行全面的匹配。比如，一项实验需要对被试的年龄、性别、学习成绩、人格特征等额外变量进行控制，此时实验设计者如果想要同时将这几个额外变量进行等组匹配，会非常困难。

实验心理学中第四种常用的额外变量控制方法，是**抵消平衡法**。

所谓抵消平衡法是指：

在额外变量既不能被消除，也不能保持恒定的情况下，通过实验程序的设计来使额外变量的效果相互抵消，从而实现对额外变量的有效控制。

比如，在实验心理学中，疲劳效应和练习效应是实验误差的重要来源。但这些额外变量既不能被消除，也不能保持恒定。在这种情况下，实验设计者就可以使用抵消平衡法来对额外变量进行有效控制。

为了方便读者理解，我们先对练习效应和疲劳效应做一个简单的介绍。

练习效应，是指由于多次重复实验，被试逐渐熟悉了实验刺激，从而导致被试反应速度加快，成绩逐渐提高的一种系统误差。

疲劳效应，是指由于多次重复实验，被试的疲劳程度逐步增强，从而导致被试反应速度变慢，成绩逐渐降低的一种系统误差。

在心理学实验中，如果只有A和B两种实验处理方式，那么最常用的抵消平衡法是ABBA安排。所谓ABBA安排，是指先给予被试A处理，再给予被试B处理，然后把顺序颠倒过来，先给予被试B处理，再给予被试A处理。而如果存在两种以上的实验处理方式，那么实验设计者可以采用拉丁方设计来对误差进行控制和消除。

实验心理学中第五种常用的额外变量控制方法，是**统计控制法**。

前几种额外变量的控制方法，都是在实验设计的过程中所采用的方法。不可否认的是，有时实验设计者明知存在一些会影响到实验结果的控制变量，但由于条件的限制，无法通过实验设计进行有效的控制和消除。在这种情况下，实验设计者就需要通过一些统计处理的方法，将影响实验结果的不利因素进行分离，从而实现对额外变量的有效控制。

在这一部分，我们介绍了实验心理学中几种常用的额外变量控制方法。在测谎实践中，测谎师也会依据测谎时的具体情形，灵活地使用各种方法对测谎中可能出现的额外变量进行控制和消除，从而在最大程度上确保测谎结果的准确性。

第五章

案件百态：测谎之见闻

“白板”供述：果然是这样啊！

虚假自白，是指无辜的人做出了有罪的虚假供述。这是无辜者的谎言，也是令人心痛的谎言，更是在一些冤假错案中会见到的一类谎言。

在大多数由虚假自白造成的冤案中，无辜者对于被害人和案情均存在或多或少的了解，因此其认知在本质上并非一块“白板”。

有的无辜者，是因为与被害人有着特殊的关系或矛盾而被怀疑成真正的作案人。他们往往与被害人有过直接和深入的接触，也因此对被害人的个人情况和生活状况有着相当程度的了解。

有的无辜者，是因为生活在案发现场周边，被卷入案件之中成为嫌疑人。他们或许与被害人并没有直接和深入的接触，但由于他们生活在案发现场周边，因此对于案件的具体情况同样有所了解。并且，左邻右舍之间的小道消息，也为他们了解具体案情提供了便捷渠道。

还有这样一类无辜者，他们既不认识被害人，也并非生活在案发现场周边，更没有通过媒体或左邻右舍了解到案件的哪怕一丝情节。换句话说，他们是对一切都一无所知的“白板”。但最终，他们竟完成了一份完整且有条理的虚假自白。在虚假自白中，他们详尽地供述了自己的作案过程，细致地描绘出了那些只有真正的作案人才知晓的案件细节。

那么，我们不禁要问：

如此完美的虚假自白，究竟是如何形成的？

应当说，这种“白板”无辜者作出完整虚假自白的极端案例，是比较少见的。但日本法律心理学家浜田寿美男找到了这样一起极端的虚假自白案件，并对其进行了深入的研究。

这起案件，就是发生于半个多世纪前的日本**“仁保案件”**。

仁保案件发生于1954年，从案件发生之日起历经18年，本案的被告人冈部终于被广岛高级法院宣判无罪。

这起杀害一家六口的惨案，案发时间被推定为1954年10月26日凌晨。当晚，被害人、被害人的妻子、被害人的母亲以及被害人的三个孩子分别睡在三个房间里，他们在睡梦中遭到了袭击，最终全部死亡。直到第二天早晨，邻居因为好奇被害人家中异常的安静，才意外发现被害人全家已经惨遭杀害。

本案的侦查工作从“仇杀”与“盗窃”两个方向展开，但都没有取得明显的效果。无奈之下，警察再次沿着“盗窃”的方向，重新对先前的嫌疑人名单进行筛查。这次，冈部才作为嫌疑人引起了警方的注意。

但浜田教授指出：

“这并不是因为有了什么证据，只不过是在排除了所有的可疑人物之后，警方把最后的希望寄托在冈部这样一个不知行踪的人身上而已。”

1955年10月19日，冈部在大阪被逮捕。

冈部被逮捕时37岁，是一个有犯罪前科的人，曾经因为盗窃被逮捕并判刑。1953年，他离开家乡去了关西，直到这次被逮捕，他一次也没有回过家乡。

而凶案发生于1954年10月，恰恰是冈部离开家乡的这段时间中。

除此之外，在当时的年代，普通的家庭还没有电视，冈部本人也没有收音机，更不看报纸。因此，他对于这起大案始终一无所知。

换句话说，冈部是在完全“白板”的状态下，被警方逮捕的。

本案于1955年11月2日正式开始审讯，冈部对实施犯罪进行了否认。但在11月22日，冈部进行了自白，承认了自己的犯罪行为，并供述了大量具体的犯罪情节。

那么，在这段时间里，究竟发生了什么？

浜田教授指出，由于本案中存在大量审讯嫌疑人时录制下来的录音带，因此借助这些录音带，我们可以了解到本案在审讯时的一些具体情况。

这些录音带中反映出的一个鲜明特征，就是**“说教式审讯”**。

但同时，浜田教授明确指出：

“有些人会指出所谓的完全捏造论，认为虚假自白就是完全由审讯人员编造，又强迫嫌疑人接受的结果，但现实并不是这样。”

换句话说，在仁保案件中，至少对于审讯人员来说，他们是真的相信，冈部就是真正的作案人。

正如浜田教授在书中所说：

“审讯人员在主观上并不认为自己在使无辜的人招供。他们彻底地确信，对方就是真正的作案人，他们是在让真正的作案人招供。也正因如此，他们才能如此执拗地进行说教。”

最后，冈部终于说出了那三个字：**“我做了”**。

于是，审讯的第二幕正式拉开。

第二幕的主题是：**“你具体是怎么做的？”**

本案发生在冈部的家乡，所以冈部意识到，如果此案确实是自己所为，那么自己应当先要离开当时居住的大阪，然后回到家乡仁保，并且在作案之后再次返回大阪。这一部分的自白对于冈部来说难度并不大，因为这中间的路线，冈部相对熟悉。

接下来是关于作案的具体时间。冈部一开始并不清楚该如何进行自白。但是，在与审讯人员的对话过程中，冈部猜出了大概的时间，最后勉强说出了被认为是作案时间的凌晨零时左右。

但对于冈部来说，最大的问题在于，他根本没有去过被害人家里，更不知道那个地方长什么样子。也正因如此，虽然冈部承认了本案是自己所为，但却用了许多天的时间才完成了接下来的自白。

因为，在谈到被害人的家时，他无论如何也讲不出具体的内容。

无奈之下的冈部，开始试图向审讯员解释。浜田教授在他的书中，记录下了冈部的这样一段话：

“现在要说到被害人的家了，这是个非常重要的事情，但这是很难编出来的，我自己很难说出这些……但是，大家对我期望很高，对我好，我也很痛苦。我并没有推翻之前说的话的意思，但是，是从后面进去前面出来，还是从前面进去后面出来……我之前就很努力地去想过这些问题，我设身处地去思考……但是说实话，我根本不知道那个家。所以，如果我说是从后面进去的话，那会不会有错？是不是我说从前面进去会更好一些？……我自己想过很多这样的事情。”

然而，审讯人员只是将这视为冈部想要进行否认的说辞。

于是，借助审讯人员“果然是这样啊”“你这么说太离谱了”“你应该摆正心态好好说”的反馈，冈部终于逐渐描述出了进入被害人家的过程。

冈部供述，自己当时是从山上面下去，绕到了后门。但接下来，关于究竟是从哪里以及怎样进的屋里，他始终无法顺利地进行供述。

毕竟，冈部根本没有见过那房子，所以要想描述从哪里以及怎么进的屋，对他来说实在是难以做到。

冈部试探着供述道，自己是从牛舍直接进了仓库，到了后院然后进入了厨房。

但事实上，从被害人的房子情况来看，从牛舍是不能直接到达仓库的，从仓库也不能直接走到后院，从后院也根本不能直接进入厨房。

换句话说，冈部所说的内容与客观情况严重不符。

此时，审讯人员开始变得有些恼火。浜田教授在书中记录了审讯人员的这样一段话：

“从牛舍，直接进仓库，到了后院再进厨房，这是怎么回事啊？这很奇怪呀，你到底怎么搞的？你的意思很不清楚啊，你好好说说你的意思。”

于是，冈部一边小心翼翼地继续试探着供述，一边观察着审讯人员对他的供述进行的反馈，从而不断对自己的供述进行修改。

“果然是这样啊！”
“这不可能吧！”
“真的是那样吗？”
……

慢慢地，冈部逐渐做出了符合案发现场情况的供述。

在供述了从哪里以及怎么进的屋之后，冈部接下来需要供述的是：

“你使用什么凶器杀害了那六个人？”

在冈部的供述过程中，菜刀、锄头、钳子、螺丝刀、手术刀等冈部能想到的所有东西，被一个接一个地列举了出来。

但令人吃惊的是，真正遗留在现场的凶器是锄头和菜刀，而在冈部最终形成的自白中，被整理记录好的，也恰恰就是这两件工具。

终于，冈部的这份自白得以完成：

“我想，大概是子夜零点，我从牛舍绕到房子后面，然后又返回到前面，从西侧绕到后面看了看情况。在确认屋里的人已经睡着以后，我考虑了一下是悄悄进入还是直接进入。此时，我想到手里应该拿点什么东西，于是就从东边的牛舍进入找东西。我本来想拿镰刀，但是刚好摸到了那里的锄头，所以我就提着锄头出来，绕到后面，推开仓库的门进到了里面。我记得与主屋之间，好像有个门，很容易就打开……”

浜田教授在他的书中这样写道：

“只读这一笔录，大概不会有人想到，这是无辜的人讲出来的。不管怎样，这与现场的情况非常吻合，不知道现场情况的人是不可能讲出这些内容的。但实际上，这只不过是审讯人员通过与嫌疑人的相互作用，最终得出来的结果而已。”

日本仁保案件中的冈部，是从“白板”状态出发的。从这个意义上来说，这是一个极端的虚假自白案例。也正因如此，通过对仁保案件的分析，我们能够更加清晰地看到，一个无辜的人是如何作出虚假自白的。

供述变迁：离奇的狭山案件

狭山案件，是曾经轰动日本的一起离奇案件。尽管这起案件已经过去了半个多世纪，但关于这起案件的事实真相，直到今天仍然存在一些争论。针对这起案件中嫌疑人的供述变迁，日本法律心理学家浜田寿美男进行了深入的分析。

1963年的一天，日本埼玉县狭山市一户人家中的小女儿突然失踪了。这个女孩当时正在读高中，案发当天下午三时许，女孩离开了学校，但直到下午六时左右，女孩仍然没有回家。

于是，女孩的哥哥决定出门去寻找女孩，但始终没有发现女孩的去向。当女孩的哥哥回到家中时，在信箱里惊恐地发现了一封勒索信。

这封勒索信的大致内容是：“明天凌晨时分，让一个女人携带二十万元现金到 ×× 商店门口。如果报警，就撕票！再重复一遍，如果报警或者告诉其他人，就撕票！”

在冷静下来之后，女孩的哥哥在这封勒索信中发现了蹊跷。具体来说，这封勒索信的许多句子存在语法上的错误，一些词语也存在涂改。这似乎可以表明，写这封信的人的文化水平相对低下。

在接到报案后，警方立刻成立了办案组，并与家属商议对失踪女孩进行营救。最终，决定由失踪女孩的姐姐携带二十万元假钞前往 × × 商店门口与绑匪见面。

女孩的姐姐按照绑匪信中所写的时间提前到达了 × × 商店门口。很快，绑匪也在约定的地点附近出现了。由于两人相隔的距离较远，所以女孩的姐姐无法看清绑匪的相貌。而就在姐姐慢慢走近绑匪的时候，绑匪发现了埋伏在四周的警察，于是仓皇逃跑，警察追赶未果。

几天后，失踪女孩的尸体在一个养猪场附近的道路边被发现。女孩的尸体面部朝下，双手被绑到背后。经过法医检验，女孩死于机械性窒息。换句话说，女孩是被人勒死的。

除此以外，办案人员在女孩的尸体内提取到了残留的精液，但当时的技术还不能进行DNA同一性的鉴定。警方怀疑，女孩在死前可能遭受到了性侵。

经过警方的侦查，一名嫌疑人被逮捕。经过讯问，嫌疑人承认了自己的罪行。

这名嫌疑人的第一次有罪供述，内容大致如下：

“案发当天早晨，我去了游戏厅，在那里见到了我的两个朋友A和B。A说他认识那个女孩（被害人），说今天是女孩的生日所以她会同意发生性关系。下午两点钟左右，我们三个人离开了游戏厅，乘电车到了狭山市站，然后一起去约好的地点见到了那个女孩。从那里我们继续往山里走，然后我们想对她进行轮奸。我不好意思先来，所以就骑着那个女孩的自行车在附近转了一圈。大约一个小时后，等我回来时那个女孩已经死了。好像是A做完以后，B想做时发生了矛盾，结果那个女孩就被弄死了。

“于是，我们三个人商量怎么办。我们想到通过假装绑架来勒索一些逃跑用的金钱，然后B就教我写了勒索信。接下来，我就骑着那个女孩的自行车，把勒索信送到了女孩的家。在我去送勒索信的这段时间里，A和B就把女孩的尸体搬到了要掩埋的地方。我送完勒索信之后，就从养猪场偷了一把铁锹，到准备埋尸体的地方把铁锹交给了A和B，然后回了家。”

对嫌疑人的第一次有罪供述进行整理，可以概括如下。

第一步：强奸；
第二步：杀害；
第三步：写勒索信；
第四步：送勒索信；
第五步：掩埋尸体。

而在嫌疑人的第二次有罪供述中，发生了一个大的变化。

具体来说，在第二次供述中，嫌疑人表示所有的行为都是自己单独进行的，根本不存在自己和A、B两人一起作案的情节；而其余部分的作案梗概，与第一次有罪供述的内容基本相同。

如果供述的变迁到此为止，那么还可以进行相对合理的解释。简言之，嫌疑人在第一次供述时，希望能够将自己的罪责推到“A”和“B”两人身上，从而减轻自己的责任。但在第二次供述时，由于意识到谎言已经被识破，因此如实承认了自己单独作案的犯罪事实。

但接下来，嫌疑人又作出了不可思议的第三次有罪供述。

嫌疑人的第三次有罪供述，概括内容如下：

“我从当时的另一起案件中得到了启发，在案发前几天从一本杂志中挑选出一些字写了勒索信，但是那时我还没有想到要去绑架哪一个人。于是，我就把信装到了裤兜里随身携带。

“案发那天，我去了游戏厅，下午两点钟左右的时候回到了狭山市，碰到了那个女孩（被害人）。我截住了她的自行车，把她带进了山里。然后，我把她的手背过来绑在了树上，问出了她是哪一家的。随后，我产生了性冲动，我从树上解开了她，然后重新把她的手背过来绑住，并对她实施了强奸。因为那个女孩一直在抵抗，所以我就用手摁住了她的脖子。当我反应过来的时候，她已经死了。于是，我就把尸体先搬到附近的一个地窖藏了起来。

“之后，我对勒索信中取赎金的时间和地点进行了修改，并修改了收件人的姓名，然后就骑着自行车去了女孩的家，把勒索信投进了她家的信箱。后来我再次返回现场，把尸体从地窖移到了附近的农道，挖坑进行了掩埋。”

对嫌疑人的第三次有罪供述进行整理，可以概括如下。

第一步：写勒索信；
第二步：诱拐；
第三步：强奸；
第四步：杀害；
第五步：送勒索信；
第六步：遗弃尸体。

通过对嫌疑人的供述变迁进行分析，我们会发现几处明显不合理的变化。

比如，在最初的有罪供述中，嫌疑人的犯罪动机是以强奸为轴心；而在后来的有罪供述中，嫌疑人的犯罪动机变成了以绑架为轴心。

比如，在最初的有罪供述中，嫌疑人是在女孩被杀害后才写了勒索信；而在后来的有罪供述中，嫌疑人在案发的几天前就已经写好了勒索信。

再比如，在最初的有罪供述中，是“B”教嫌疑人写了勒索信；而在后来的有罪供述中，嫌疑人是从杂志上挑选一些字写了勒索信。

针对嫌疑人这种不合理的供述变迁，浜田教授认为，从第一次到第二次，再到第三次的有罪供述，并非“嫌疑人本想继续说谎，但是终于还是被揭露了出来”。

具体来说，首先，既然嫌疑人在第二次有罪供述中已经承认，自己在第一次有罪供述中所说的“三人共同作案”是谎言，那么嫌疑人就应当直接讲第三次供述的内容。

其次，在第二次有罪供述中，嫌疑人已经进行了全面自白，所以在进行第三次有罪供述时，已经不存在非要说谎的理由和必要。

最后，个体通常对于事件的框架记忆具有较好的保持能力，因此对于有实际作案体验的人来说，在排除了有意说谎的因素后，是很难遗忘“事先准备好勒索信”这种涉及事件框架的内容，转而被其他过程所取代的。

那么，这种反常的供述变迁为何会出现呢？

浜田教授认为，可以考虑的一种可能性是：

嫌疑人也许并没有真实的作案体验。

浜田教授指出：嫌疑人实际上并没有真实的作案体验，所以在“三人共同作案”的供述被审讯人员否定之后，嫌疑人将作案方式转换成“单独作案”。但是，嫌疑人在第二次供述时，并没有马上意识到写勒索信的环节存在问题。当审讯人员指出这一漏洞后，嫌疑人发现自己确实没有使用这些复杂文字写出勒索信的能力，于是转而绞尽脑汁地思考自己独立写出勒索信的方法。为了使写勒索信的环节变得合理，嫌疑人重新调整了作案梗概，甚至连犯罪动机都从最初的“强奸”变成了“绑架”，于是就出现了与第二次供述明显不同的第三次供述。

应当说，这并不是随意做出的猜测，而是基于对供述变迁进行的系统分析。下面，我们就对浜田教授“供述变迁分析”的基本流程进行简要介绍。

首先，是对分析材料进行**“时间序列上的整理”**。

在这一阶段，分析者应当对嫌疑人的供述笔录、现场勘验记录、各类鉴定报告、媒体的相关报道，以及在每个时间点上可以利用到的全部信息和资料按照时间顺序进行整理。

通过这一阶段的工作，分析者可以实现三个目的。

第一，可以更容易地梳理嫌疑人供述变迁的具体过程。

第二，可以更准确地发现嫌疑人的供述变迁与其他证据、信息和材料的出现是否存在时间上的关联。

第三，可以更清楚地了解审讯人员、嫌疑人和证人在每个具体的时间点上都掌握了哪些信息，以及尚未掌握哪些信息。

接下来，就进入**“个别供述分析”**环节。

在这一环节，分析者需要对各证言的内容和结构进行深入分析，对“逆行构成”“超越供述者想象能力的供述”“细节记忆的附加理由”“供述改变的附加理由”等方面进行检查。

“逆行构成”，是指把事后知道的信息嵌入针对之前发生的相关事件的供述之中。

举个例子。

一名学生无故失踪。警察经过搜寻，最终在学校内的某处发现了该名学生的尸体。为了确定这名学生在遇害前究竟跟谁在一起，办案人员对遇害学生的几名同学进行了询问。

以下是一名学生提供的证言：

“当时，我看到老师走了进来，把他（遇害学生）带走了。我感到很害怕，所以就躲了起来，偷偷地看到老师把他带出了房间。”

这名证人在看到老师把遇害学生带走的当时，案件还没有发生。证人当时所看到的，只是自己每天都会见到的老师带着自己熟悉的一名同学去了某个地方，所以证人在当时的时间点上看到这件事情时，根本没有理由感到“很害怕”。而这名证人之所以会描述“自己感到很害怕”，是因为证人在得知该名学生遇害后，将这一事后知道的“结局”信息嵌入了对已经发生的事件的供述之中。

浜田教授认为，如果供述者根本没有作案体验，而是单纯依据事件的结果来对事件发生当时的具体情形进行推理，那么“逆行构成”就会以极其频繁或极端的形式出现。

“超越供述者想象能力的供述”，是指如果供述中包含仅靠供述者想象无法讲述出来的内容，将会被认为是实际体验过该事件。

举个例子。

一起针对儿童的性侵案件，受害儿童用自己的语言准确地描述出了嫌疑人生殖器官上的一个特殊印记，那么这个供述就可以被认为是“超越供述者想象能力的供述”。

“细节记忆的附加理由”，是指案件当事人在陈述一些个体通常不会记住的事件细节后，对自己能够记住这些细节的理由进行不合理的说明。

举个例子。

一起抢劫案件，一家小商店的老板称自己曾经在案发前几个月的某一天见到过嫌疑人。在接受询问时，他与询问人员进行了下面这段对话。

问：你见过这个人吗？

答：见过。几个月之前，他有一次来我的商店里买过鞋。

问：他买的是什么样的鞋？

答：就是那种普通的布鞋。

问：你后来又见过他吗？

答：后来没见过他了。

问：你的店生意怎么样？

答：生意很好。

问：每天到你商店买东西的人很多？

答：很多。

问：来你店里买鞋的人多吗？

答：也挺多的。

问：你每天会见到很多顾客，也有很多顾客是来买鞋的。你是如何能够清楚地记得几个月之前，这个人曾经来你店里买过鞋？

答：因为他来我店里买鞋的那天，是6月的第一天。

……

在这段对话中，询问者认为，这名小商店老板能够清楚地记得几个月前嫌疑人到商店买鞋的情景，是一件有些反常的事情。而这名小商店老板所给出的“附加理由”是不合理的，也是缺乏说服力的。

“供述改变的附加理由”，是指在改变了供述内容之后，却说出了并不合理的理由。这一点相对比较容易理解。

最后，在依据以上四点进行“个别供述分析”之后，接下来就将进入**“构成与诱导分析”**环节。

在这一环节中，分析者首先需要对供述中的两方面内容进行排除。一是排除供述者在进行供述当时，可以利用的个人经验和媒体报道信息；二是排除发问者在听取供述者的供述之前，已经掌握到的侦查内容。在此基础上综合评估供述者是否存在事后信息的重构，以及发问者是否存在诱导的可能。

争议：“海德堡案件”与“山坡扼杀者案件”

还原事实的手段和方法有很多，测谎只是其中的一种而已。比如，催眠，也是一种与还原事实相关的方法和技术。

无论在哪个时代，催眠总是笼罩着一层神秘的色彩。

从心理学的角度来看，催眠，就是运用暗示等手段，引导被催眠者进入一种高度受暗示性的状态。

目前，催眠主要被应用于心理治疗和医学等领域，并且慢慢地进入司法领域，开始应用于犯罪侦破等具体环节。

而要说到催眠在犯罪侦破中的应用，就不得不提到有名的**“海德堡案件”**。

海德堡案件发生于1934年。一名男子到警局报案，称有人在他的妻子身上制造了许多疾病，并以此来勒索妻子。

然而，报案人的妻子，也就是被害人本人，根本就记不起究竟是谁给她造成了这么多的痛苦。负责本案的麦尔医生在对这名被害人进行全面的检查后确认，被害人并没有任何生理和精神方面的疾病。

麦尔医生认为，被害人应当是被人实施了催眠，并且实施者在催眠过程中曾经暗示过被害人，要忘记发生过的一切。也正因如此，被害人才会记不起来究竟是谁对她施加了伤害。

麦尔医生决定，再次对被害人进行催眠，从而帮助被害人恢复记忆。

在经过多次催眠之后，被害人终于回忆起了第一次与罪犯见面时的情形，并慢慢地描述出了当时发生过的一切。

就在此时，一名男子因为涉嫌诈骗而被捕。

让人意外的是，这名男子的作案手法，恰恰就是通过催眠和暗示，给被害人制造各种病痛，然后再通过催眠给被害人进行治疗，用这种方式来向被害人敲诈一笔巨额的治疗费用。在治好被害人的病痛后，这名男子又马上通过催眠来暗示被害人得了另一种疾病，从而使得被害人不断地接受治疗，不断地支付巨额的医疗费，又不断地产生各种新的病痛。

麦尔医生发现，该名男子的外貌和诈骗手法都与被害人所描述的极其相似。那么，给这名被害人制造各种病痛的真凶，会不会就是他?

于是，麦尔医生带着被害人去进行指认。但遗憾的是，直到最后，被害人依然没有能够成功地指认出对自己实施侵害的那个人。

但麦尔医生没有放弃，他决定引导被害人进入更高程度的催眠状态，并通过抽丝剥茧的方式，努力地帮助被害人一点点唤醒记忆。

终于，通过深度催眠，被害人成功地回忆起了那名男子对自己实施侵害的全部过程。而更为重要的是，警方根据被害人在深度催眠中所恢复的记忆，在那名男子的家中搜查出了各种各样的罪证，最终使得那名男子不得不如实承认了自己的罪行。

“海德堡案件”之所以出名，一方面是因为，这是一起罪犯利用催眠实施犯罪的典型案件；另一方面则是因为，这也是一起催眠师借助催眠侦破犯罪的典型案件。

从“海德堡案件”中，我们也可以清晰地看到催眠在帮助案件侦破中的独特作用。但事实上，关于催眠在司法实践中被广泛应用，仍然存在一些反对的声音。

下面，我们就来了解一下，这些反对的声音所关注的问题。

首先，是被催眠者对催眠师的信任问题。

一次成功的催眠，离不开被催眠者对催眠师的高度信任。但在司法情境中，这一条件有时不容易被满足。尤其是嫌疑人作为被催眠者接受催眠时，高度信任关系的形成将变得更加困难。

在司法实践中，嫌疑人通常自始至终都处于高度的警觉状态。即使是无辜者，他们中的许多人也会因为对周围事物的失控感和无力感而对他人产生高度的警觉。在这种情况下，如果要对嫌疑人进行催眠，那么其内心往往会产生强烈的抵触和戒备情绪，从而难以对催眠师形成高度的信任感。

其次，是被催眠者的“伪装性”问题。

我们来看一起著名的案件——**“山坡扼杀者案件”**。

1977年10月至1978年2月，美国洛杉矶有十名年轻的妇女被强奸、虐待并被勒死。由于她们的尸体是在几个山坡上被发现的，所以这个杀人狂魔被称为“山坡扼杀者”。

1979年，本案的一名犯罪嫌疑人被逮捕，但是他坚称自己并非“杀人狂魔”。在这种情况下，催眠师对这名嫌疑人进行了催眠。

在催眠的过程中，这名嫌疑人出现了另一个人格，这个人格宣称自己对所实施的杀人行为承担责任。

而更令人吃惊的是，在催眠过程中，这名嫌疑人又陆续出现了第三人格、第四人格和第五人格。

催眠结束后，当催眠师对嫌疑人进行询问时，嫌疑人表示，自己对这起杀人案件真的一无所知。

对其进行催眠的催眠师认为，这名嫌疑人是典型的多重人格，他不应该对杀人行为负责任。很快，这名嫌疑人的律师也以精神错乱为由，提出了无罪抗辩。

然而，警方对于催眠结果的准确性提出了怀疑。于是，警方邀请了另一位司法催眠专家，再次对嫌疑人进行催眠。

这次，这名催眠专家在对嫌疑人进行催眠时发现，当嫌疑人进入催眠状态后，他的反应与被催眠者在实际催眠状态下的反应存在明显不同。

换句话说，这名嫌疑人只是在“诈病”而已，他在先前接受催眠的过程中所出现的不同人格，只是他精心设计的一场表演。

“山坡扼杀者案件”暴露出司法情境中的催眠可能存在的风险。倘若本案的犯罪嫌疑人依靠自己的表演骗过了催眠师的眼睛，引导催眠师做出了错误的判断，并最终被法律认定不应当为杀人行为负责，那么这将是一件极其可怕的事情。

最后，是记忆内容的准确性问题。

在使用催眠时，我们通常会默认一个前提的存在，即只要是在催眠中被唤醒的记忆内容，都是真实可靠的。

但有的心理学家指出，这一说法也许是存在问题的，因为并没有足够的证据能够证实，受到催眠的个体在回忆的准确性方面会有所提高。

这是一个十分重要的问题。

而更为关键的一个问题在于，如果在司法催眠的过程中，催眠师出现了不恰当的诱导，将可能造成被催眠者的记忆内容出现扭曲和偏差。

如果这种情况真的在司法情境中出现，所造成的后果也将是极其严重的。

当然，尽管对于将催眠广泛应用于司法情境之中，仍然存在一些反对的声音，但不可否认的是，催眠作为一种复杂、精巧的心理学技术，在帮助被催眠者恢复记忆、还原事实方面，无疑是一种独特的手段。

低心率：魔鬼的印记？

我曾与一位同事聊起过一个关于“低心率”的话题。

同事看到了一则报道，称有研究发现，低心率（这里的心率指的是静息心率）的男孩在成年之后，会出现更高的犯罪率。如果真的是这样，那么低心率似乎就成了魔鬼的一个印记。

针对这个问题，同事与我进行了讨论。很快，我们就依据日常的生活经验，对这一观点提出了质疑。

事实上，犯罪心理学领域确实有一些研究发现，低心率与高犯罪率之间存在一定的关联。为了能够更好地解释这一现象的成因，心理学家提出了下面几种解释。

解释一：共情缺失。

心理学的一些研究表明，低心率孩子的共情能力往往要低于高心率的孩子。一方面，低心率的孩子较难去体会别人的感受，理解别人的感情；另一方面，由于他们较难体会到别人的感受，所以他们也就更容易去伤害、欺凌别人。鉴于此，低心率的孩子会表现出更加明显的暴力倾向。

解释二：无所畏惧。

低心率是无所畏惧的一种表现，而暴力犯罪行为也需要相当程度的无所畏惧。

如果一个孩子特别害怕受伤，那么他就不太可能去主动参与一些打架斗殴活动。但是，如果一个孩子根本不害怕受伤，或者对于受伤根本没有任何心理上的焦虑和恐惧，那么他就更有可能参与到一些打架斗殴活动之中。

心理学家指出，我们的社会设置了许多具有震慑力的措施，从而让我们不敢随意破坏规则去伤害他人。但是，如果一些个体对这些震慑措施毫不畏惧，不怕受到伤害，不怕受到惩罚，甚至不怕被关进监狱，那么我们将很难阻止他们做出一些暴力的犯罪行为。

解释三：刺激寻求。

低心率是低唤醒状态的一种表现，而低唤醒状态会使个体长期处于不愉快的生理状态。鉴于此，他们会主动寻求一些刺激，以提高唤醒水平，从而缓解这种不愉快的体验。

个体在低唤醒状态下会主动寻求一些刺激，这在我们的生活中其实随处可见。

比如，你独自一人在沉闷的房间里度过了一整天。回到家后，你会主动地想要去打开电视、打开音响，或者打电话跟好友聊聊天。这是因为，白天长时间的低唤醒状态使你产生了不愉快的体验，于是你需要通过看电视、听音乐、打电话等方式主动寻求刺激，以摆脱这种低唤醒状态带来的不适体验。

鉴于此，心理学家指出，如果一些青少年长时间处于低唤醒状态，那么他们很可能通过一些错误的，甚至是违法的方式去寻求一些刺激，从而提高自己的唤醒水平。

比如，他们可能会随意地去殴打他人。但事实上，他们与被打的人之间并不存在什么明显的矛盾。

再比如，他们可能会结伙到商店实施抢劫，但其实他们对钱根本不感兴趣。

这些让人难以理解的行为，有时可能是他们为了提高自己的唤醒水平而主动去寻求刺激的一种方式。

犯罪心理学家指出，许多连环杀手在杀人之前，都会沉溺于一种坐立不安、精神空虚的状态之中。他们被一种紧张感和隐藏的愤怒感所折磨，于是开始寻找受害者，并通过折磨、杀戮、虐待的方式，对这种难受的感觉进行发泄。而当这些行为实施完毕之后，他们会感觉到放松和愉快。

以上，是心理学家对于低心率与高犯罪率之间的关联所进行的解释，但这并不是说，低心率的个体就必然会出现一些反社会的行为。

毕竟，正如心理学家所言，无所畏惧的钢铁神经，既可以帮助犯罪者冷酷地实施犯罪，从而夺走无辜者的生命，也可以帮助拆弹专家冷静地进行炸弹拆除，从而拯救千百人的生命。

时间知觉：犯罪持续了多久?

“我骑在他身上，用手使劲掐住他的脖子。我听到他发出‘嗬嗬’的声音，喉咙里发出来的。当时我心里真的很害怕，我就闭着眼睛，两只手继续使劲儿……过了有四五分钟的时间，我感觉到没动静了。我睁开眼睛，发现他已经不动了。”

这是一起命案中，嫌疑人的一段供述。

应当说，这名嫌疑人如实供述了自己实施犯罪的过程，但在其中的某一点上，嫌疑人的供述与实际情况确实存在一定的出入。那就是：

嫌疑人用手掐死被害人，这个过程究竟持续了多长时间?

按照嫌疑人的供述，这个过程持续了四五分钟。但事实上，整个过程的准确持续时间，其实只有一分钟。

换句话说，这名嫌疑人对犯罪的持续时间出现了明显的长估。

但这种对时间的主观判断所出现的误差，并非嫌疑人故意为之。换句话说，本案中的犯罪嫌疑人并非故意要把作案持续时间的长度进行歪曲，也并非有意说谎。

这就引出了我们在这一部分所要讨论的内容：**时间知觉**。

时间知觉，是个体知觉的一种。所谓时间知觉，可以简单理解为个体对时间的长短、快慢等变化的主观感受和判断。

时间知觉是人类在进化过程中所发展出来的一种非常有用的知觉。拥有了时间知觉，才使得我们能够不完全依靠钟表、沙漏等计时工具而可以对时间进行主观上的判断。

但是，单凭日常的生活经验就会知道，我们主观感知到的时间长度与真正的时间长度之间，往往会存在差异。

测谎实践中，测谎师在与被测人的对话过程中，也常常会涉及被测人的时间知觉。

“从那几个人出现，再到他们离开，中间过了多长时间？”

“你听到声音后，多久到达现场的？”

“他们进屋后，过了多长时间出来的？”

……

这些，全部都涉及被测人的时间知觉。

有时，被测人会过长地估计时间的长度，有时又会过短地估计时间的长度。那么，有哪些因素会影响到被测人的时间知觉呢？

因素一：个体的情绪状态。

具体来说，积极的情绪会使个体倾向于短估时间长度，而消极的情绪会使个体倾向于长估时间长度。

这一点并不难理解，正如我们平时所说：快乐的时光总是短暂的。当我们处于快乐等积极情绪之中时，我们知觉到的时间似乎变快了。

举个例子。

嫌疑人与被害人是同一单位的职工。被害人曾经检举过嫌疑人在工作中的违规行为，这使得嫌疑人一直怀恨在心。

案发当天，嫌疑人下班时看到被害人独自在办公室，于是走进被害人办公室。随后，两人在被害人的办公室内发生了激烈的争吵，并扭打在一起。由于被害人比嫌疑人强壮很多，嫌疑人在挨了几拳后，情急之下掏出随身携带的一把刀，朝被害人猛扎数刀，被害人当场死亡。

嫌疑人供述，当时他吓坏了，他慢慢蹲下身子，忍不住哭了起来，既是因为害怕，也是因为后悔。然后，他一屁股坐在地上，愣愣地看着躺在地上的被害人，脑袋里一片空白。

嫌疑人供述，自己在地上坐了有将近半个小时的工夫，才慢慢地恢复了一点意识。他朝着被害人的尸体磕了几个头，挣扎着站起身来，走出了办公室，然后走出了单位大门，在大街上漫无目的地游荡。

在这个例子中，依照嫌疑人的估计，自己在地上坐了将近半个小时的时间。但事实上，他大大地长估了真正的时间长度。

这种现象在真实的案件中非常常见。而之所以会出现这种情况，很大程度是由于嫌疑人在案发当时的情绪状态。

正如本案中的嫌疑人，他在激情状态下杀死自己的同事后，内心体验到极度的紧张与恐惧，而这些强烈的消极情绪又直接导致其过长地估计了真正的时间长度。原本只是几分钟的时间，在他看来，仿佛有半个小时之久。

因素二：一定时间内发生事件的数量和性质。

具体来说，在一定时间内发生事件的数量越多、性质越复杂，个体越会倾向于短估时间长度；相反，如果在一定时间内发生事件的数量越少、性质越简单，则个体越会倾向于长估时间长度。

当你在处理一道复杂的数学题目时，你会聚精会神地对它进行钻研。此时，你往往会感觉到时间过得很快。相反，如果你被安排去从事某项流水线作业，机械地重复着几个简单的动作，你往往会感觉到时间过得很慢。

这是一定时间内发生事件的复杂程度对个体时间知觉产生的影响。

清晨你刚到公司，就被安排了一大堆的任务。在风风火火地完成这些任务的过程中，你往往会觉得时间过得很快。你抬手看了一眼手表，发现时间已经到了中午。相反，如果你到达公司后一直没什么事情，只能坐在办公椅上发呆，那么整个上午你会感觉时间过得很慢，会反复抬手看手表，抱怨午饭的时间为何还没到。

这是一定时间内发生事件的数量对个体时间知觉产生的影响。

因素三：对待事件本身的态度。

具体来说，如果个体对事件本身抱有期待的态度，那么在期待该事件发生时，个体往往会感觉时间过得很慢，从而倾向于长估真正的时间长度；相反，如果个体对事件本身抱有回避的态度，那么在等待该事件发生时，个体往往会感觉时间过得很快，从而倾向于短估真正的时间长度。

比如，在期盼假期到来时，你会觉得时间过得很慢。明明再工作两天就可以进入假期，但你感觉像是经过了一周那么久。但当假期接近尾声时，你又会感觉时间过得很快，因为假期结束后你有一大堆的工作需要处理，而你又不希望这件事情发生。

因素四：个体兴趣。

具体来说，如果事件本身能够引发个体的兴趣，那么个体往往会倾向于短估真正的时间长度。相反，如果事件本身并没有引发个体对其产生兴趣，那么个体往往会倾向于长估真正的时间长度。

比如，当你在观看一场很感兴趣的电影时，两个多小时的时间你却感觉一逝而过。但如果你正在观看一场枯燥无味的学术讲座，那么你大概会感受到，时间竟然可以过得如此缓慢。

由此可见，受到诸多因素的影响，很多时候我们主观感知到的时间长度会与客观的时间长度之间存在差异。

甚至在某些时候，这种差异还会非常巨大。

一方面，测谎师应当认识到，由于我们的时间知觉会受到许多因素的干扰和影响，所以测谎师不能完全相信被测人对于案发当时的一些时间长短或快慢的主观估计，否则可能会对事实的查明产生不利影响。

另一方面，测谎师应当明白，由于主观的时间知觉有时并不能完全准确地反映客观时间的长短或快慢，所以当案件当事人对于时间长短和快慢的陈述与实际存在明显差异时，测谎师也不能武断地认定，该名案件当事人一定是在有意说谎。

隐晦表述：你能不能直接点?

有的说谎者在表述谎言时，非常直截了当，没有丝毫的转弯抹角。

但在我所接触过的说谎者中，有这么一类说谎者，他们在表述谎言时，会表现出一种极具特色的隐晦色彩。

隐晦表述，构成了这类说谎者的一个重要标签。

在这一部分，我们就来聚焦这类说谎者和他们的谎言。

一起合同诈骗案件，嫌疑人对被害人谎称自己正在做水果生意，鉴于自己与被害人是多年的好兄弟，所以想给被害人一个发财的机会，跟自己一起赚钱。被害人听信了嫌疑人的话，于是出资十万元钱，与嫌疑人一起做生意赚钱。

为了确保自己的权益，被害人要求与嫌疑人签订一份合同。在这份合同中双方约定，被害人与嫌疑人各出资十万元，由嫌疑人负责具体事务的操办，所得利润双方五五分成。

嫌疑人本不想与被害人签订这份合同，但在被害人的强烈要求下，嫌疑人无奈与其签订了合同。

在拿到被害人的十万块钱现金后，嫌疑人就失去了联系。被害人选择了报案，并把双方之前签订的这份合同也一并交给了办案人员。

嫌疑人到案后，辩称自己从未与被害人签订过什么合同，更没有拿过被害人的十万元现金。

毕竟，嫌疑人与被害人所签订的合同是实实在在存在的，上面还清清楚楚地有嫌疑人本人的签字。

这是嫌疑人无法回避的一个问题。于是，这名嫌疑人绞尽脑汁思考，如何才能解释清楚这份合同的来历，从而使自己瞒天过海，逃避惩罚。

最后，这名嫌疑人想出了一套自认为有些合理的谎言，并开始大呼冤枉。

嫌疑人：我冤啊，冤。

我：说说看。

嫌疑人：我让人给坑了。

我：谁坑的你？

嫌疑人：就是我那个老乡（被害人），忘恩负义害我啊！

我：怎么害的你？

嫌疑人：他去跟人家赌钱，把钱输光了，怕跟家里人没法交代，就告我骗他的钱。

我：嗯。那你现在知道他怎么告的你吗？

嫌疑人：我听说了，他说我骗他，要跟他合伙做生意，拿了他的钱跑了。

我：嗯。他凭什么就说你骗他的钱？

嫌疑人：他给了警官一份合同，说这是我当时跟他签的。

我：你清楚这份合同吗？

嫌疑人：不清楚。

我：合同上面有你们的签字吗？

嫌疑人：……有。

我：那这合同上面是你本人的签字吗？

嫌疑人：是。

我：那我听你说，你跟我解释一下。

嫌疑人：好。我这几天一直在回忆这份合同究竟是怎么来的，后来终于让我回忆起来了。我曾经去过他家一次，当时是他邀请我去他家吃饭。我记得那天他家里就我们两个人，我俩喝了不少酒，他一个劲儿地劝我酒。

我：你接着说。

嫌疑人：我们俩喝了很长时间，我有点喝多了，就在他家沙发上睡着了。模模糊糊的，我觉得好像有人把什么东西塞到我手里，还跟我说了几句话……好像还有一片白晃晃的东西……我醒来以后，我看到我的右手旁边放着一支笔，然后我就走了。第二天一早，他就来我家找我，张口就说让我还他十万块钱。我完全不知道是什么事情，他就拿出一份合同来给我看，说要拿着合同去告我。我看到下面有我的签名也很奇怪，不知道为什么会有我的签名。但是，我知道这份合同肯定是他伪造的。所以我就跟他说，你想告就去告吧，反正你这也是一份假合同。结果，那家伙真就把我告了。

我：你刚才说，你睡着的时候，感觉别人把什么东西塞到你手里了？

嫌疑人：就是感觉挺细的一个东西吧。

我：你说你还听到别人跟你说了几句话，都说了些什么？

嫌疑人：好像就是……就是叫我去干什么事儿吧。

我：白晃晃的那片东西，是什么？

嫌疑人：……反正我醒过来的时候，我右手旁边就放着一支笔，第二天我就看到了那份签着我名字的合同了。

……

很明显，嫌疑人的这一通隐晦表述，其实就是想向测谎师表达这样的意思：

“那天，被害人应该是故意灌醉了我，然后趁我醉酒之际，递给了我一支笔，通过诱导或其他方式，让我在意识不清的状态下，在那份合同上签上了自己的名字。”

所谓“把什么东西塞到我手里”和“感觉挺细的一个东西”，其实就是隐晦地告知测谎师，那应该是一支笔。

所谓“一片白晃晃的东西”，其实就是隐晦地告知测谎师，那应该是一张纸或一份合同。

所谓“（醒来后）我看到我的右手旁边放着一支笔”，其实就是隐晦地表示，自己在醉酒后，应该曾经用过这支笔。

所谓“还跟我说了几句话”，其实也是在隐晦地表示，被害人趁嫌疑人醉酒，诱导嫌疑人进行签字。

我直截了当地问道：

“你对自己的名字是如何出现在那份合同上的，有你自己的判断吗？”

这名嫌疑人却自始至终没有直接表达出他的意思，只是继续对各个细节进行更加隐晦的描述。

如果读者有机会能够与这名嫌疑人进行面对面的谈话，相信也会有与我同样的感受。他在不断地给你提示和引导，希望你能够最终领悟到他希望你能领悟到的“事实”。但这个“事实”必须是通过你的口中说出，他永远不会直截了当地告诉你。不过，换作任何一个人，在听完他的描述后，都能很容易地明白他想要表达的“事实”究竟是什么。

需要强调的是，说谎者的这种隐晦表述绝非偶然的个例。至少，在我本人参与办理的测谎案件中，曾多次与这种隐晦表述打过交道。

再举一个例子。

嫌疑人与被害人是两名装修工人。因为平日的工作十分枯燥劳累，所以每天下工后，他们常常聚在一起喝酒。

案发这天，嫌疑人与被害人下工后照例一起去喝酒。酒足饭饱，两人离开饭馆。走在回宿舍的路上，就聊起了白天干活儿的事儿。嫌疑人借着酒劲儿，责怪被害人白天抢了他的活儿，坚持要让被害人给他道歉。被害人也有些醉意，于是拒绝给嫌疑人道歉，双方发生了争执，最终被害人受了伤。

对于这件事，嫌疑人觉得自己很委屈。他说，自己根本就没有动手，当时地上有冰，被害人是自己站立不稳，才倒地受了伤。

由于双方的陈述存在不一致，案件承办人委托测谎师对双方分别进行测谎。

在对被害人进行正式测谎之前，测谎师与被害人进行了下面这段对话。

测谎师：从你们离开饭馆以后开始说吧。

被害人：离开饭馆以后，我俩就在路上走着，然后他就跟我说起早晨的事儿来了，说我抢他的活儿，还骂我。

……

测谎师：嗯，你接着说。

被害人：然后他就动手了，我就倒地上了。

测谎师：他怎么动的手？

被害人：就是他把我打地上了。

测谎师：他怎么把你打地上的？

被害人：就是……我好像看到他有一个抬腿的动作。

测谎师：抬腿的动作？

被害人：是，然后我就倒地上了。

测谎师：你的意思是，你看到他有一个抬腿的动作，然后你就倒在地上了？

被害人：嗯……

测谎师：你究竟是怎么倒在地上的？

被害人：反正我看到他有抬腿的动作……我就倒地上了。

……

对这名被害人的测谎结果显示：这名被害人说谎了。事发当时，嫌疑人并没有打过他，也没有踢或踹过他。

换句话说，被害人倒地受伤，并不是嫌疑人造成的。

这起案件中的被害人在与测谎师进行对话的过程中，同样采用了一种隐晦表述的方式来陈述谎言。具体来说，这名说谎者想要通过“我看到他有抬腿的动作”和“我就倒地上了”这样的隐晦表述，让测谎师领会到他想要表达的真实意思：

“我是被嫌疑人踹倒在地的”。

仔细想来，这类隐晦表述的背后，其实也蕴含着相应的心理学原理。

毕竟，说谎不可避免地会给个体带来强烈的内心冲突，而这种内心的冲突又会引发个体生理和心理上的强烈消极体验。鉴于此，如果说谎者通过隐晦表述的方式来陈述谎言，那么可以在很大程度上降低说谎造成的心理冲突的强度。

“如果他们对事实的判断出现了错误，那也是他们犯了错误。无论如何，我并没有直接表述这个谎言。”

路西法效应：服从的力量

我曾参与过对这样一名嫌疑人的测谎。

这名嫌疑人在案发前不久刚刚加入一个不良团伙。案发当天，团伙中的“大哥”带着包括嫌疑人在内的手下围住了被害人，并命令嫌疑人狠狠地教训被害人。在“大哥”的指示下，嫌疑人用手中的利器对被害人实施了持续的残忍伤害，现场惨不忍睹。

这次测谎的难度并不大，但给我留下了十分深刻的印象，原因主要有二。

第一，嫌疑人刚刚成年不久，正要开始享受美好的人生，现在却亲手毁了自己的人生。

第二，嫌疑人与被害人素不相识，却对其施加了十分残忍的伤害行为。

在与测谎师的谈话过程中，嫌疑人讲出了这样一句话：

“我跟他没什么仇，我也不认识他。我就是听大哥的而已，他不让我停，我就没停。”

只是因为“服从”，一名成年人便化身恶魔，做出如此残忍的事情。

这不由得让人联想到心理学领域一项备受争议的实验——**“电击服从实验”**。

1963年，心理学家米尔格拉姆在报纸上刊登广告，公开招募一项心理学实验的被试。很快，有数十名市民积极报名，作为被试参加这一实验。

在实验开始之前，研究者告诉这些被试：

“这项心理学实验的目的，是研究‘惩罚’对于学习的影响。现在，你们每两人为一组，一个人当老师，另一个人当学生，具体的角色由你们二人抽签决定。老师的任务是读出一些配对的关联词，学生的任务是要记住这些词。等正式的实验开始时，老师会给出一个特定的词，然后给学生提供四个选项，学生要在给定的四个选项中选出与之对应的配对关联词。如果学生选错了，老师就要按电钮给予学生电击惩罚。随着学生回答错误次数的增加，电击的强度也要随之提高。”

但事实上，经过研究者的巧妙安排，实验中所有的“学生”角色均由工作人员假扮，而真正的被试均通过抽签的方式，全部被安排扮演“老师”的角色。

接下来，研究者将“老师”（真正的被试）和“学生”（工作人员假扮）分别安排在不同的房间，他们相互之间看不到对方，但是能隔着墙壁进行交流。然后，研究者给予每位“老师”一个电击控制器，并告诉每位“老师”：通过操作这个控制器，就可以使隔壁的“学生”受到电击。每当“学生”回答错误时，“老师”就要按下电击控制器，对“学生”施加电击惩罚。而惩罚的电击强度，可以从15伏特增加到450伏特。电击强度被细分为几个组，分别标识着“弱电击”“中等强度电击”“强电击”“特强电击”“剧烈电击”“极强电击”“危险电击”。

实验中的每位“老师”都相信，当“学生”答错问题时，如果自己按下了电击控制器，那么“学生”就真的会受到电击。但事实上，整个实验中不会有电流产生，隔壁的“学生”不会受到任何电击。

实验正式开始。由工作人员假扮的“学生”故意进行了错误回答，于是作为真正被试的“老师”对其进行了电击惩罚。随着“学生”错误回答次数的增加，电击的伏特数也逐渐增加。

隔着墙壁，“老师”可以清楚地听到“学生”痛苦的尖叫声。

事实上，这些尖叫声只是工作人员事先录制好的声音而已，但“老师”对此完全不知情，他们深信这是“学生”在遭受到电击后所发出的痛苦呻吟。

电击强度逐渐增加，“学生”发出了阵阵痛苦的呻吟。

电击强度继续增加，“学生”大声求饶，踢打墙壁，喊着自己患有心脏方面的疾病。

电击强度依然在增加，“学生”开始大吼，他就要死了！

而当电击的伏特数继续升高至一定程度后，“学生”突然停止了尖叫，进入了彻底的沉默。他似乎已经失去了意识。

尽管我们并未亲自参与那次实验，但依然能够想象到当时的“老师”所面对的可怖场景。

此时，有的“老师”会提出，希望能够暂停这次实验，去查看一下“学生”的情况；有的“老师”会质疑这次实验的真正目的究竟是什么；有的“老师”则在得到了他们不需要承担任何责任的保证后，继续进行这项实验。甚至，有的“老师”在听到“学生”的尖叫声时，有点紧张地笑出了声。

如果“老师”明确表示想要停止这项实验，那么研究者会这样回复他：

“这个实验需要你继续进行。”

“你必须继续进行。”

“你没有其他选择，继续。”

如果经过四次劝说后，“老师”依然坚持停止实验，那么实验就会停止。否则，实验将会继续进行，直到“老师”所施加的惩罚电流达到最大伏特数为止。

现在，请读者们来猜测一下：在这次实验中，有多少“老师”会残忍地对“学生”持续施加电击惩罚，直到施加的惩罚电流达到最大伏特数才停止，又有多少“老师”会坚定地拒绝执行这一命令？

事实上，在这次实验中，高达65%的“老师”选择了完全服从研究者的命令，最终对“学生”施加了最大强度的惩罚电流；而只有35%的“老师”选择拒绝执行这一命令，因为他们认为这实在太过残忍。

重新审视这个实验，我们会发现，这项实验真正想要研究的，其实是服从的力量。

在权威者下达违背良知的命令时，“服从”的强大力量，有时会令我们做出十分冷酷残忍的事情。

换句话说，即使一个人本身并不具有穷凶极恶的个性，但在极端的情境之中，他们仍然可能会在“服从”的强大力量下，化身为恶魔。

“人肉录音机”：超强记忆的骗局

记忆，远非我们所认为的那样可靠。尽管我们清楚这一点，但在大多数时候，由于我们缺少事发当时真实情况的客观证据，因此难以对记忆的准确性进行精准考量。

不过，1972年美国“水门事件”发生后的一次听证会，为心理学家提供了一个很好的研究案例。

这一部分，我们就一起来了解一下**“人肉录音机”**事件。

1972年的美国总统大选中，为了取得民主党竞选的内部情报，以尼克松竞选班子的首席安全问题顾问为首的五个人，秘密潜入华盛顿水门大厦的民主党全国委员会办公室。他们在安装窃听器并偷拍有关文件时，当场被捕。随后，尼克松试图掩盖此事，他的白宫法律顾问约翰·迪安也参与了掩盖计划。

然而，在后来美国参议院所举行的听证会上，迪安又反过来作证尼克松参与了水门事件。

据说，迪安拥有非凡的记忆力，也因此被大家称为“人肉录音机”。在这次听证会上，他把尼克松与工作人员在总统办公室的对话描述得栩栩如生。

迪安所陈述的这段内容，发生于1972年9月15日。这一天，大陪审团决定只起诉案件的执行犯和几名白宫工作人员。

以下是迪安在听证会上提供的部分证言：

“那天下午，我接到一个电话，让我去总统的办公室。等我到达总统办公室的时候，我看见总统和总统助理都在。总统让我坐了下来，他们两个人看起来心情不错，热情地接待了我。然后，总统告诉我，助理已经向他汇报了我处理水门事件的具体进度。

“总统对我说，我做得很好，他也知道这确实是一项困难的任务。我回答说，我配不上他的表扬，因为其他人做的事要比我困难得多。在与总统讨论这件事情目前的状况时，我告诉他，我能做的就是保证它不在白宫的干涉范围之内。我还告诉他，这件事情如果想要真正结束，还要走很长的路。而且，我也无法保证这件事情一定能被解决。”

鉴于迪安公认的超强记忆力，人们对于其证言的准确性深信不疑。

然而，让人意想不到的是，当时的美国总统办公室安装了秘密的录音装置，并且录制下的那段真实对话也被公开了出来。

于是，这就为研究者们提供了一个很好的案例来研究所谓“人肉录音机”的记忆与事实之间，究竟存在着怎样的差异。

以下是这段录音所记录的当时真正的对话。

总统：结果怎么样？

迪安：在现在这个时间点上，我想说很好，媒体的动向与我们的预期一致。

总统助理：暗中解决了吗？

迪安：还没有，现在成了新闻。

总统：这是很大的新闻。

总统助理：被起诉的五个人，加上白宫前职员，这是全部。

迪安：加上白宫的两个同事。

总统：这样暗中解决很好，就像米歇尔所说的那样，对于普通大众来说，被起诉的两名白宫人员的级别已经够高了。

迪安：三个月以前，我曾经担心这件事情在某些时候会败露。但是，从现在开始到选举结束期间，我认为不会发生致命的事情。

总统：你说什么？

迪安：我认为不会发生什么致命的事情。

……

通过将迪安提供的证言与当时的录音进行细致的比对，我们会发现，二者存在下面这些明显差别。

第一，自始至终，总统并没有请迪安坐下过。而迪安在证言中说，总统让他坐下来，并且热情地招待了他。

第二，总统并没有说过助理已经向他汇报过事情的处理进度。而迪安在证言中说，当他到达办公室时，总统已经听取了助理的汇报。

第三，总统并没有对迪安的工作成果进行表扬。而迪安在证言中说，总统表扬了他，说他做得很好。

第四，总统并没有说过迪安的工作是十分棘手的。而迪安在证言中说，总统表示自己也知道这确实是一项困难的任务。

第五，迪安从来没有说过自己配不上总统的表扬。而在迪安的证言中，迪安表示自己说过这句话。

第六，迪安从来没有说过“其他人做的事要比我困难得多”。而在迪安的证言中，迪安表示自己说过这句话。

第七，迪安从来没有告诉总统“我能做的就是保证它不在白宫的干涉范围之内”。而在迪安的证言中，迪安表示自己告诉过总统这句话。

第八，迪安并没有告诉过总统“这件事情如果想要真正结束，还要走很长的路”，也没有专门提醒过总统“我也无法保证这件事情一定能被解决”。而在迪安的证言中，迪安表示自己对总统说过这些话。

如此看来，迪安其实并不是一台“人肉录音机”。他对谈话内容的记忆并不精确，甚至与事实背道而驰。

当然，我们首先要排除迪安在作证的过程中故意撒谎，以减轻自己责任的可能性。但是，如果迪安真的想要撒谎，那么应当在那些重要的关键情节上撒谎。事实上，尽管他的证言与录音带记录的内容大相径庭，但在法律认定上并不存在区别。

换句话说，如果迪安真的是有意说谎，那么这些谎言对他来说，是没有好处和意义的。

更为重要的一点在于，在迪安提供的证言中，即使是那些无关痛痒的小细节，也都是与事实明显不符的。

尽管他一再表示，自己对于这些细节的记忆，是清晰和准确的。

暴力行为：打输住院，打赢坐牢

一次，受案件承办人委托，我们对一起案件中的嫌疑人进行测谎。

测谎的过程很顺利，结果也非常清晰，却让人感到唏嘘不已。

因为，这实在是一场本可以避免的悲剧。

嫌疑人和几个朋友与素不相识的被害人在一家小餐馆相遇，被害人肩膀撞到了嫌疑人，两人遂发生口角和冲突。冲突造成的结果，是被害人受了重伤，最终不治身亡。

两个素未谋面的人，就这么因为一件不值一提的小事而选择拳脚相向，最终造成一人离世，一人入狱的悲惨结局。

尽管“打输住院，打赢坐牢”的标语已经将暴力行为的后果表达得十分清楚，但依然无法完全遏止暴力行为的出现。而作为测谎师，在平日的工作中也少不了与这类暴力伤害案件打交道。

有的人，是与被害人积怨已久，最终矛盾激化，从而对被害人痛下杀手。

有的人，是与被害人素不相识，却因为一时冲动，便向被害人挥起拳头。

有的人，是被害人的至爱亲朋，只因为生活琐事，便诉诸暴力，伤害了自己最爱的人。

很多时候，我们会替他们感到惋惜。如果他们当时能够换一种方式来思考和处理问题，或许就不会酿成悲剧。

既然暴力行为带来的是人间悲剧，那么如何才能减少暴力行为的发生，避免悲剧的上演？

在心理学领域，针对“如何减少暴力行为”，心理学家开展了大量的实验研究。在这些研究中，有相当一部分是针对儿童的暴力行为进行的研究。但这些研究所得到的实验结果，在很大程度上也同样适用于成人的暴力行为。

关于如何减少暴力行为，我们能够想到的第一种方法，就是**惩罚**。

每个人在成长的过程中，都无一例外地遭受过惩罚。有的惩罚来自父母，有的惩罚来自老师，有的惩罚来自领导和上级。同时，每个人在成长过程中，又都或多或少地对他人施加过惩罚，如用拳头来惩罚同学对你的嘲笑，用离家出走来惩罚父母对你的漠不关心。

惩罚他人所遵循的逻辑其实非常简单，即通过惩罚，被惩罚者会记住这个教训，以后就再也不会去做类似的行为。

所以，姑且不论惩罚对于减少暴力行为是否有效，至少它一直以来都被我们频繁地使用。

但是，对于减少暴力行为而言，惩罚真的如此有效吗？

一个孩子为了能够从其他小朋友手里得到一件好玩的玩具而把其他小朋友打哭，并抢走了玩具。孩子的父亲在发现后勃然大怒，抓住孩子就是一顿打。

按照父亲的逻辑，自己打孩子的行为可以让孩子记住，抢别人东西的行为会招致痛苦的肉体惩罚，从而使孩子长了记性，今后再也不敢去抢别人的东西。

换句话说，这名父亲相信，当孩子今后想要再去抢别人的东西时，就会想起父亲的巴掌。

但这名父亲的做法，其实忽视了一个重要的问题：孩子是否会对父亲的这种惩罚行为进行学习和模仿？

人类的学习和模仿能力是非常强大的。当父亲挥起巴掌打向孩子，嘴里质问着孩子“以后还敢不敢”的时候，孩子也从中学会了这样一个道理：

“如果我想让别人听我的话，最有效的方法，就是把他打到听话为止。”

于是，父亲的惩罚行为在某种程度上却成了孩子的“榜样行为”。孩子在接受父亲惩罚的同时，也学习到了父亲实施惩罚的暴力方式。

心理学家提出了这样一个观点：

那些经常对孩子进行严厉惩罚的父母，他们的孩子也往往会具有特别高的攻击性。他们的孩子会像他们一样，喜欢用暴力的方式来解决问题。

而这也就导致了“暴力遗传”的出现。

所以，单纯的惩罚有时并不像我们所想象的那般，可以有效减少暴力行为。相反，个体在接受惩罚的过程中，可能同时学习到了惩罚者的暴力行为方式，转而引发了个体对暴力行为的学习和模仿。

惩罚并不能有效减少暴力行为的另一个原因，是惩罚所带来的挫折感。

犯罪心理学认为，挫折感是引发个体攻击行为的一个重要原因。

比如，你恰巧错过了一班公共汽车，眼看上班就要迟到，如果此时身边恰好有人对你表现出了不友好，那么你将比平时更有可能与他发生冲突。

比如，你在工作中受到了老板严厉的批评，那么当你回到家时，妻子向你抱怨生活琐事，你将比平时更有可能与妻子发生争吵。

在以上两个例子中，你之所以表现出更多的暴力行为，很大程度上是源自你体验到的挫折感。

鉴于此，如果想要减少暴力行为，就应当尽量避免引发个体的挫折感。然而，个体在遭受惩罚时往往会感受到强烈的挫折感，这在某种程度上反而更易引发个体的暴力行为。

由此看来，单纯的惩罚似乎并不能够有效地减少暴力行为。

那么，我们来变换一下思路：如果我们不一味地对个体的错误行为进行惩罚，而是有针对性地对个体的正确行为进行奖励，结果会如何呢？

关于这种方法，一个比较典型的例子是这样的：

一个男孩在校期间十分调皮，每次上课时都会搞出各种恶作剧，以干扰老师正常上课。家长和老师用尽了各种方法，甚至对男孩进行了严厉的体罚，却依然无法纠正男孩的恶劣行为。慢慢地，男孩开始变本加厉起来。

后来，一位老师决定转变原先的思路进行尝试。在课堂上，当男孩再次开始调皮捣怪、进行各种恶作剧时，这位老师并没有去理会，她假装完全没有看到男孩的捣乱行为，继续有条不紊地讲课。

慢慢地，男孩觉得有些无趣，因为无论自己如何费尽心思地搞出各种恶作剧，都无法引起老师的关注。于是，男孩逐渐对恶作剧失去了兴趣，在课堂上也变得安静了很多。

而从此刻开始，老师对男孩安静听课的行为进行了充分的关注和鼓励。每当男孩安静地听课、认真地做笔记时，老师总是会在课堂上当着全班同学的面，对男孩进行表扬和鼓励，并希望男孩能够继续保持下去。

最终，男孩变成了一个不再捣乱的好孩子。

在这个例子中，老师和家长在最开始的做法，是将关注点聚焦于男孩的错误行为，并针对男孩的错误行为进行惩罚，但最终起到了适得其反的效果。而在后来，老师调整了思路，开始有意对他的榜样行为进行关注和强化，从而引导男孩逐渐形成新的行为模式，最终纠正了男孩的恶劣行为。

那么，为什么最初对男孩的惩罚，反而会导致男孩恶劣表现的变本加厉呢？

心理学家认为，尽管老师和家长对男孩最初的恶劣表现采取的是“惩罚”，但对于男孩而言，这种“惩罚”其实也变成了一种“奖励”。

比如，每当老师斥责男孩的恶劣表现时，男孩会认为这其实是一种奖励，因为老师关注了他，老师再一次注意到了他。

比如，每当老师对男孩进行体罚时，男孩会认为这其实也是一种奖励，因为他觉得自己是一个敢于向权威宣战的男子汉。

由此我们会发现，不一味地对个体的错误行为进行惩罚，而是有针对性地对个体的正确行为进行奖励，是减少错误行为出现的一种有效方法。

下面，我们再来讨论另一种减少暴力行为的方法——**他人在场**。

我们来设想这样两个场景。

场景一

乙要与丙进行一次谈判，于是请甲和其他几个朋友一起去帮自己“站场”。然而双方见面之后，场面很快失控。

甲看到身边的人纷纷拿起手里的家伙，朝对方冲了过去，内心的火似乎也被点燃了，于是也拿起了一根钢管紧跟在其他人后面，冲向对方。

场景二

甲在回家路上看到一群人围在楼下。甲出于好奇也凑了过去，这才发现楼顶上坐着一个年轻人，看样子似乎要往楼下跳。

见此情景，甲不由得有些气愤，心想：现在的年轻人，越来越没有责任感，动不动就要自杀，完全没有个成年人的样子。于是，甲深吸一口气，准备喊出那句话：要跳就赶紧跳，别耽误我们的时间！

而就在此时，甲听到人群中有几个人朝楼上喊：千万别想不开，想想你的父母，想想你的朋友，你不能做傻事！

看到这种情景，甲感到有些愧疚，于是咽下了那句准备说出的话，转而跟其他人一起劝说那名要跳楼的年轻人。

下面，我们来对比一下甲在这两个场景中的不同表现。

在场景一中，在场他人所表现出的暴力行为诱发了甲的暴力行为。在没有他人在场的情况下，甲也许并不会主动实施暴力行为，但当暴力行为的他人在场时，甲的暴力行为很容易地被诱发了。

在场景二中，情况则恰恰相反。如果没有他人在场，甲很可能会对跳楼者施加言语暴力，但由于在场他人所表现出的利他行为，使得甲最终放弃了言语暴力。

由此可见，“他人在场”是影响个体暴力行为的一把双刃剑，而通过营造“非暴力行为”的他人在场（如场景二），可以有效地减少暴力行为的出现。

值得一提的是，很多心理学家认为，“非暴力行为”的他人在场之所以能够有效减少暴力行为的出现，很大程度上也是受到了**“从众行为”**的影响。

所谓从众行为，是指在社会情境或群体的压力下，个体改变了自己原先的态度而做出与大多数人相一致的行为。鉴于此，当在场他人均表现出“非暴力行为”时，个体在强大的群体压力之下，自然也更有可能放弃暴力行为。

接下来我们要讨论的一种减少暴力行为的方法，是**共情培养**。

共情，是心理咨询领域的一个重要概念。它指的是一种能够设身处地体验他人处境、感受和理解他人情感的能力。

在心理咨询领域，共情是心理咨询师的必备能力之一。而对共情能力的培养，也是减少暴力行为的一种有效方法。

当你驾车行驶到一个路口时，前面一辆小轿车拦住了你的去路。你烦躁地按着喇叭，催促小轿车快点挪开。但无论你如何催促，小轿车依然原地不动。

终于，你心里的怒火压不住了。你心想，这个司机真是没素质，你可能因此要迟到。你甚至想到，这个司机这么做可能是故意气自己的。于是，你下了车，走到那辆小轿车旁边，把司机拽下了车。

很快，你们发生了冲突。然后，就是悲剧的发生。

这样类似的场景在现实生活中并不少见。而通过对共情能力的培养，类似这样的悲剧也许就不会出现。

当那辆小轿车拦在你面前，你看到车里的司机正在手忙脚乱地忙着什么，你于是没有按下喇叭。你心想，司机或许是个新手，对车的操作还不熟练，如果催促他，只会让他更加忙乱。

你回想起了自己刚刚练习开车时的场景，那个时候你也常常被其他车辆催促，折腾得满头大汗。

想到此处，你不禁感慨每个新手都需要被耐心对待，于是你安静地坐在车里等候。

又或者，面对拦在面前的小轿车，你心想司机或许是碰上了什么急事，或者车子出了什么故障，才会停在这里无法移动。你甚至想到，司机现在很可能需要别人的帮助。

于是，你下了车，走到那辆小轿车旁边，询问司机是否需要帮助。

我们会发现，共情的培养无疑会有效减少我们的暴力行为。

在这一部分，我们围绕如何减少暴力行为展开了讨论。具体来说，单纯的惩罚也许并不像我们想象的那样，能够有效减少暴力行为的发生。而如果我们变换思路，转而对榜样行为进行有针对性的关注和奖励，将会有利于错误行为的减少。除此以外，“非暴力行为”的他人在场会有效地减少暴力行为的发生，这在一定程度上也是因为个体在情境和群体的压力下出现了“从众行为”。最后，如果我们的共情能力能够得到培养，也将十分有利于暴力行为的减少。毕竟，当我们能够真正站在别人的角度去看待事情时，我们也许就会做出不一样的选择。

反社会人格障碍：没有灵魂的人

如果被测人具有严重的人格障碍，那么对于测谎的准确度会产生怎样的影响？

应当说，对于这一问题，相关研究的数量并不是很多。但从测谎师的角度来看，为了确保测谎结论的准确性，应当尽量避免对具有严重人格障碍的被测人进行测谎。

毕竟，严重的人格障碍所表现出的一些症状特点，将有可能对测谎结论带来一些不确定的影响。

比如，反社会人格障碍的重要症状表现就是“无羞惭感”和“缺乏良知”，也因此被称为“没有灵魂的人”。鉴于此，如果被测人在编造谎言的过程中，并不伴随相应情绪的诱发，那么将可能给测谎结果的准确性带来不利影响。

这一部分，我们来关注人格障碍。

所谓人格障碍，是指明显偏离正常且根深蒂固的一种行为方式，往往具有适应不良的特点。也正因如此，具有人格障碍的个体会感到痛苦，或者使他人感到痛苦，并可能会给他人或社会带来不良影响。

人格障碍通常开始于童年期或青少年期，并且持续发展，直至成年或是持续终生。具有人格障碍的个体人格模式出现了明显的偏离，导致他们在行为举止方面十分特异，在待人接物方面尤为明显。但是，他们并没有认识到自身的人格缺陷，所以在工作、生活和人际交往的过程中处处碰壁，从而体验到明显的痛苦。

具体来说，人格障碍又可以分为几种具体的类型。下面，我们来列举其中的几种常见类型。

一是反社会型人格障碍。

反社会型人格障碍是人格障碍的一个典型代表，甚至在某种程度上已经成了人格障碍的一张“名片”。具有反社会型人格障碍的个体，往往存在以下鲜明的特征：

他们在幼年时往往学习成绩不佳，吸烟酗酒，有过逃学的经历，甚至有过被学校开除的经历；

他们法律意识淡薄，不遵守社会规范，常常说谎、破坏公物、欺凌弱小，甚至做过一些违法乱纪的事情；

他们成年后的行为也往往受到本能和情绪所驱使，容易激惹，具有高度的冲动性；

他们极端自私自利，以自我为中心，不考虑他人感受，因而给他人造成痛苦；

他们缺乏基本的道德感和良知，对善恶是非缺乏正确的判断标准，并且不能从以往的经历中吸取教训，也体会不到羞惭感；

他们往往不能与他人建立长久亲密的关系，所以往往存在两性关系的混乱。

二是偏执型人格障碍。

具有这类人格障碍的个体，往往具有以下鲜明的特征：

他们对遭遇到的挫折和他人的拒绝表现出过分的敏感，如果受到质疑或者挑战，就会进行争论，甚至出现攻击行为；

他们常常将他人无意的甚至是好意的行为误解为敌意，并且会在没有任何根据的情况下怀疑配偶对自己的忠诚；

他们长期处于高度警觉和戒备状态之中，会主动地去寻找怀疑和偏见存在的证据；

他们常常将自己看得过分重要，并且会过度地、顽固地维护个人权利；

他们往往心胸狭隘，容易长时间地记仇，不肯原谅别人对自己的侮辱和蔑视；

他们会表现出明显的固执，别人根本无法改变他们的想法。

三是表演型人格障碍。

表演型人格障碍又被称为“癔症型人格障碍”。具有这类人格障碍的个体，往往具有以下鲜明特征：

他们常常感情用事，通过十分夸张的言行进行表演，以引起别人的注意；

他们高度以自我为中心，情绪外露，易出现极端化情绪，易发脾气；

他们人格不成熟，受暗示性特别强，思维较为肤浅，言语和行为有时会显得天真幼稚。

四是边缘型人格障碍。

具有这类人格障碍的个体，典型特征就是“不稳定”，具体表现为人际关系、自我意向以及情绪情感的不稳定。

他们的人际关系不稳定，一方面，表现出对身边人的强烈依赖，担心被遗弃；但另一方面，他们又害怕亲密，缺乏安全感，甚至会出现自虐和自杀的表现。

他们的情绪情感不稳定，表现为情绪敏感、情绪强度大，以及不能很好地处理情绪。

他们的自我意向不稳定，表现为自我身份的认同出现混乱，困扰于自己是一个什么样的人，也因此更容易出现药物滥用等不良行为。

五是强迫型人格障碍。

具有这类人格障碍的个体，往往具有以下鲜明特征：

他们过分谨慎，在生活中按部就班，适应环境的能力较差，缺乏安全感；

他们害怕犯错，也因此常常犹豫不决，难以做出决定；

他们行为刻板，观念固执，不允许有丝毫改变，同时也不合情理地要求他人严格按照自己的方式行事，因此使自己和身边人的关系陷入紧张；

他们坚持完美主义，对别人和自己要求都过高，也因此影响到了正常的工作和生活。

在这一部分，我们针对几种常见的人格障碍进行了讨论。对于测谎师来说，有必要对人格障碍的一些常见症状和表现特征进行了解，并在测谎实践中尽量避免对具有严重人格障碍的被测人进行测谎。

利他型谎言：顶包犯罪

在司法实践中，案件当事人所编造的谎言，目的往往复杂多样。

有的谎言，是说谎者为了逃避自身责任而捏造事实。

这种谎言，在嫌疑人身上更为常见。

有的谎言，是说谎者由于害怕遭到打击报复而隐瞒事实。

这种谎言，在证人身上更为常见。

有的谎言，是说谎者为了获得更多的好处而夸大事实。

这种谎言，在被害人身上更为常见。

诚然，在司法领域的测谎实践中，绝大多数谎言都是说谎者为了自身的利益而编造的利己型谎言。但不可否认的是，测谎师有时还会在工作中遇到另一类谎言——利他型谎言。

举一个例子。

甲报案称自己被人持菜刀砍伤。按照甲的陈述，案发当天，自己到前妻乙家中跟乙商量复合的事情，结果被砍伤了胳膊和背部。

甲的前岳母丙在接受问话时承认：案发当天，是她持菜刀砍伤了甲。

这位母亲，也就是本案的嫌疑人丙供述，自己的女儿乙与甲在几个月前就已经办理了离婚手续。离婚后，乙、丙两人一起住在丙的老房子里。但是甲始终不依不饶，隔三岔五地就到家里来折腾，有时是跟乙要钱，有时甚至对乙拳打脚踢。

为此，乙、丙两人也曾经报过警，警 察也对甲进行了严肃的批评教育。但没过几天，甲又会到家里来闹事。

为了防止乙继续受到骚扰，丙平日里都会非常留意锁好院门。但在案发当天清晨，乙外出时由于疏忽而没有及时锁门。甲不知什么时候突然出现，一推门就走进了院子。当时屋里只有丙一个人，甲于是也不搭话，走进屋子，坐在床上等乙回来。丙想要把甲赶走，却招来了甲的一顿辱骂。

过了一会儿，乙回来了，发现甲正坐在屋子里，知道又少不了要有一番冲突。甲看到乙，一下子站起身，朝乙走了过去。

甲这次又是来跟乙要钱的，乙明确表示了拒绝。于是，甲上前猛扇了乙一个耳光，乙一下子摔倒在地上，桌上的物品也跟着碎了一地。

丙眼看着乙挨打，不由得焦急万分。于是丙慌忙跑进厨房，看到架子上放着几把菜刀。丙也没想那么多，拿起一把菜刀就跑回了屋内，看到甲正在拉拽乙。丙急红了眼，几步冲了过去，拿起菜刀，照着甲的胳膊就砍了一刀。甲大声惨叫，捂着胳膊转身往外跑，丙又跟上朝甲的背部砍了几刀。

自始至终，这位母亲坚称，是自己持菜刀砍了甲。

然而，本案的被害人甲在接受询问时却表示：自己当时是被前妻乙砍伤，而并非被丙砍伤。

那么砍伤被害人的，究竟是谁？

测谎师对丙进行了测谎。结果显示，丙说了谎，甲的伤并非她造成，而是乙造成的。

换句话说，这位母亲想要替自己的女儿顶罪。

事发当天，被害人甲来到乙家中闹事，将乙打倒在地，并对其进行拖拽。丙见状心急如焚，扑过去拦腰抱住了甲，与甲纠缠在一起。趁这工夫，乙从地上爬了起来，跑进厨房拿了一把菜刀，然后朝着甲身上猛砍了几刀。

坦白来讲，本案中这位母亲所编造的谎言其实并不高明，谎言中存在的漏洞很多，对于事情发生前后的许多情节甚至不能够做到自圆其说。毕竟，她平日里老实本分，也确实并不擅长说谎。

诚然，直到测谎结束的最后一刻，这位母亲也始终坚持之前的说法，称是自己砍伤了被害人，而没有向测谎师承认自己说了谎。但依据测谎过程中的谈话和最终的测谎结果，测谎师也能够大致了解这位母亲谎言背后的苦衷。

本案中的这位母亲，毫无疑问希望自己的女儿能够生活得幸福。但不幸的是，女儿在婚后竟然遭遇了家庭暴力。在结束了这段不幸的婚姻后，这位母亲希望女儿能够开始新的生活，但女儿的前夫在离婚后不依不饶，三番五次地到家中闹事。这位母亲心里始终有一种不好的预感，终于在案发这天不幸应验，女儿持刀砍了前夫。她痛心女儿的遭遇，思来想去决定帮女儿顶罪，也因此才有了那段虚假的供述。

而通过这个例子，我们同时也能够看到，在识别顶包犯罪方面，测谎确实能够起到独特的作用。

再举一个例子。

一名年轻人背井离乡，到城里打工。起初，他在一家汽车修理厂本本分分地工作，并没有想过要用什么不正当的手段去弄钱。但后来一次偶然的经历，让他想到了一个赚钱的法子，即借助一些特殊的方法，将卖出去的汽车再偷回来，然后再次进行出卖。

这名打工仔为自己能够想到这样一个“聪明绝顶”的赚钱方法而兴奋不已，很快就按计划将一辆车卖给了被害人，并取得了购车款。当晚，他又通过特殊的方法找到了这辆已经出卖的汽车，然后偷偷地把车开走。

第一次的试验十分顺利，也进一步增强了他对于使用这种方法弄钱的信心。于是他又连续数次使用这种方法，直到其中一名被害人报案，办案人员将其抓获。

这名打工仔，也就是本案的嫌疑人到案后，对自己实施的犯罪行为供认不讳，但案件依然被送到了测谎实验室。

原因在于，办案人员通过一处比较模糊的监控画面隐约看见：嫌疑人在驾驶被盗车辆离开现场的途中，汽车副驾驶座位上似乎还有一个人影。

鉴于此，办案人员产生怀疑，这个案件也许还有其他共犯。

但这名嫌疑人始终坚称，这件事情是他自己一人所为，并没有其他人参与。于是，案件被委托到了测谎实验室。

以下，是测谎师在本案正式测谎阶段所使用的一套题目，以及被测人的回答。

问：那天晚上的事，你知道有几个人参与吗？

答：知道。

问：是一个人参与的吗？

答：是。

问：是两个人参与的吗？

答：不是。

问：是三个人参与的吗？

答：不是。

问：是四个人参与的吗？

答：不是。

问：是五个人参与的吗？

答：不是。

问：是更多的人参与的吗？

答：不是。

……

连续数遍的测试均显示：被测人在对“是两个人参与的吗”回答“不是”时，生理指标出现了显著的异常反应。

换句话说，这起案件其实有两个人参与。

一方面，谎言被揭穿给嫌疑人造成了巨大的心理冲击；另一方面，嫌疑人所编造的谎言，也在测谎师的细致询问下，慢慢暴露出逻辑上的明显漏洞。

最终，这名嫌疑人承认，监控视频拍摄到的那个副驾驶座位上的人影，是与自己租住在一起的另一名打工仔。

事实上，整件事情是由嫌疑人策划，工友只是被拉去望风，帮嫌疑人壮胆。嫌疑人觉得，如果自己不拉着工友跟自己一起，工友也就不会被自己连累。嫌疑人深感对不起工友，这才说了谎，称整件事情没有其他人参与，企图帮助工友逃避惩罚。

本案中的嫌疑人所编造的这个谎言，同样是一个利他型的谎言。

当然，在这一部分的最后，我依然要强调：

尽管说谎的原因有千万种，但无论是出于何种原因，案件当事人都必须如实陈述案件事实，绝不能编造任何谎言。

图书在版编目(CIP)数据

与谎言的每日相遇：测谎师办案的52堂实务课 / 张坤著. —北京：中国法制出版社，2020.9

ISBN 978-7-5216-1174-8

Ⅰ. ①与…　Ⅱ. ①张…　Ⅲ. ①测谎—通俗读物　Ⅳ. ① D918-49

中国版本图书馆CIP数据核字(2020)第115406号

策划编辑 / 责任编辑：吕静云（lvjingyun0328@sina.com）　　封面设计：汪要军

与谎言的每日相遇：测谎师办案的52堂实务课

YU HUANGYAN DE MEI RI XIANGYU: CEHUANGSHI BAN'AN DE 52 TANG SHIWUKE

著者 / 张坤

经销 / 新华书店

印刷 / 三河市紫恒印装有限公司

开本 / 710毫米×1000毫米　16开　　印张 / 16.75　字数 / 232千

版次 / 2020年9月第1版　　2020年9月第1次印刷

中国法制出版社出版

书号 ISBN 978-7-5216-1174-8　　定价：48.00元

北京西单横二条2号　邮政编码 100031　　传真：010-66031119

网址：http://www.zgfzs.com　　**编辑部电话：010-66054911**

市场营销部电话：010-66033393　　**邮购部电话：010-66033288**

（如有印装质量问题，请与本社印务部联系调换。电话：010-66032926）